重构企业人心

企业人力资源再造

赵学文 / 著

中国财富出版社

图书在版编目（CIP）数据

重构企业人心：企业人力资源再造 / 赵学文著 . —北京：中国财富出版社，2014. 8

（华夏智库 · 金牌培训师书系）

ISBN 978 - 7 - 5047 - 5282 - 6

Ⅰ. ①重…　Ⅱ. ①赵…　Ⅲ. ①企业管理-人力资源管理　Ⅳ. ①F272. 92

中国版本图书馆 CIP 数据核字（2014）第 145679 号

策划编辑　姜莉君　　**责任印制**　方朋远

责任编辑　苏佳斌　姜莉君　　**责任校对**　杨小静

出版发行　中国财富出版社

社　　址　北京市丰台区南四环西路 188 号 5 区 20 楼　　**邮政编码**　100070

电　　话　010 - 52227568（发行部）　　010 - 52227588 转 307（总编室）

010 - 68589540（读者服务部）　　010 - 52227588 转 305（质检部）

网　　址　http：//www. cfpress. com. cn

经　　销　新华书店

印　　刷　北京京都六环印刷厂

书　　号　ISBN 978 - 7 - 5047 -5282-6/F · 2189

开　　本　710mm × 1000mm　1/16　　**版　　次**　2014 年8月第1 版

印　　张　14. 5　　**印　　次**　2014 年8月第1 次印刷

字　　数　245千字　　**定　　价**　32. 00元

前　言

21 世纪是全球化、市场化、信息化的世纪，是知识主宰的世纪。在新经济条件下，企业人力资源管理也发生了巨大的变化。

“人力资源”这一概念最早于 1919 年由美国学者康芒斯提出，现代意义上的人力资源管理概念是由现代管理学大师彼得·德鲁克提出的。人力资源管理是通过对企业事业组织的人和事的管理，处理人与人之间的关系、人与事的配合，充分发挥人的潜能，并对人的各种活动予以计划、组织、指挥和控制，以实现组织的目标。

在我国，最早的人力资源管理称为劳动管理，后来出现了人事管理，直到 20 世纪末期才出现人力资源管理的概念。之所以称为人力资源，是因为与其他各种资源相比较，人力资源是一种特殊的、有价值的资源，在特定时期和特定地点的合适人才具有稀缺性，必须通过有效的激励、有效的开发利用，才能为组织带来可观的经济价值。

人力资源管理的对象主要是人，包括企业中的所有岗位、所有知识、所有个性、所有可能。作为人力资源从业者必须要清楚了解这个人所包含的知识、技能、个性及各种变化的可能以及其履历背景。如果是雾里看花，谈何“理”之有效！

我们都知道，每个企业都是从原始积累跨越到发展阶段，其管理逐步显现为“以人为本”的理念，因为 21 世纪的竞争是人才的竞争。企业管理更是“人”与“事”的管理。这是企业稳、强、大的关键所在。然而许多企业依然停留在人事行政事务的管理和总务后勤的管理工作上，从观念上、职能上和系统与管理上滞后于时代。人力资源管理的工作过程，从点滴观察、丝毫细致中入手，从而系统化地做到真正的人力资源管理。

古人云：成功非必然，失败非偶然；千里之行，始于足下。企业需要将“人”当作资源的重要性排在首位。要稳、强、大，就要从人自身出发，由于最终确立企业的经营管理是“人本”的经营，因而，企业管理者要做到“人”和“事”的管理。只有这样对于人力资源的管理才能称作是有企图的帮助，从而将企业做大做强，以获得更好的发展。

本书是一本实用性很强的人力资源管理丛书，书中内容全面围绕如何通过有效的人力资源管理来重构企业人心，从而更好地提升企业竞争力这一主题，介绍了人力资源管理中的战略再造、流程再造、培训再造和招聘革新等相关内容。

知识改变命运，管理创造价值。衷心希望本书能对读者有所帮助。

作　者

2014 年 3 月

目　录

第一章

人力资源管理：企业管理的本源

人力资源管理，就是指在经济学和人本思想的引导下，通过招聘、甄选、培训以及报酬等管理形式对组织内外有关人力资源进行有效利用，满足组织目前和未来发展的需要，确保组织目标实现和成员发展的利益最大化。就是指预测组织人力资源需求并作出人力需求计划；招聘甄选人员并进行有效组织；考核绩效支付报酬并进行有效鼓励；结合组织和个人需要进行有效发掘，以便实现最优组织绩效的全部过程。

企业管理的本源：人力资源管理

“人力资源”一词最先是由战略管理大师彼得·德鲁克于 1954 年在《管理的实践》一书中提出的，他指出人力资源拥有现在其他资源所缺乏的素质，即协调能力、融合能力、判断能力与想象能力。这四种能力是人力资源区别于其他社会资源的最有价值的特点，同时也是企业财富扩增的贡献者。

从企业经营视角来分析，企业既经营客户（就是为客户创造价值），也经营人才。企业的经营活动与核心竞争力同企业人力资源密不可分，企业核心竞争力与竞争优势的本源在于企业人力资源管理。不重视企业人力资源开发管理，企业核心竞争力将会变成无根之木、无源之水。大多数企业领导者都认识到人力资源的重要性，也都很重视人力资源，可是面对企业生存与发展的压力，企业领导只能将全部精力投入到影响企业发展命脉的市场营销等更加重要的事务中去，最终致使人力资源陷入“看起来重要，忙起来就次要”的尴尬局面。所以，很有必要对人力资源进行正确定位。

人力资源管理怎样定位？人力资源的核心价值与管理使命究竟是什么？到底是人力资源从业者本身的素质影响了人力资源管理在企业中的地位，还是企业的发展阶段与管理需求决定了人力资源管理在企业中的重要性？对于以上问题，人力资源管理者一定要深刻反思与掌握，要不然人力管理工作就会失去方向。

从人力资源管理战略方面来说，企业发展战略的支撑战略是人力资源战略，也可以说是为企业战略目标的顺利完成提供支撑而形成的一种引进、培养、激励以及留住人才的支持性战略，这就决定了人力资源战略是企业发展战略的支撑战略。

人力资源管理是为企业的战略目标与经营目标所设立与服务的。因此，人力资源管理者不可以仅从本专业的狭隘角度来对待工作，不可以为管理而管理，而是需要站在企业全局的高度上来审视自己的工作，人力资源管理工作才可以从真正意义上做到为企业的经营绩效服务，才可以和企业最为重视的赢利与可持续发展战略保持一致。

人力资源站在不同的高度设置观察自己的角色定位，就会导致不同的职能管理视角，最终会对企业获取竞争优势产生完全不同的影响（见表1－1）。

表1－1　　人力资源的不同角色定位和对应的职能

角　色	角色定位和对应职能
战略伙伴	定位于企业战略决策的参与者，提供基于战略的人力资源规划及系统解决方案，最终目标是将人力资源纳入企业的战略与经营管理活动当中，使人力资源与企业战略相结合，为企业实现经营战略提供有力的支撑
变革推动者	深入参与组织变革、改革和创新过程中的人力资源管理实践，提高员工对组织变革的快速适应能力，妥善处理组织变革过程中的各种相关的人力资源问题，推动组织向着更好的方向发展
卓越绩效推动者	通过员工招聘与上岗培训、人才选拔和培养、薪酬体系建设、绩效与激励体系建设，成为公司的卓越绩效推进者
人力顾问	运用专业知识和技能研究开发企业人力资源产品与服务，为企业人力资源问题的解决提供咨询，提高组织人力资源开发与管理的有效性
人事管理	完成六大模块，通过与员工沟通及时了解员工的需求，为员工及时提供支持，不断提高员工满意度

作为企业管理的战略伙伴，人力资源管理者不仅要了解企业的经营战略、业务部门对人才的真正要求、员工的实际要求，还需要了解外部客户的需求，将人力资源策略与企业的经营策略结合起来支持企业实现经营目标，从而为企业实现价值奠定基础。

根据调查，很多企业的实际情况是：多数人力资源管理者仍处于日常人力资源工作的表面，在传统的人事管理工作上投入大量精力，没有深入企业经营战略，没有深入研究企业业务实际需要，没有深入研究企业最有效的激励与绩效管理，没有深入研究人才培养机制和优化机制……

人力资源管理的工作只有有效定位，才能真正彰显出应有的价值；只有成为人力资源管理的行家里手，为企业发展切实解决人力发展实际问题，帮助企业各级经理解决他们最关心的管理难题，才能真正发挥人力资源管理的

核心价值。

人力资源管理的核心：价值链管理

人力资源价值链是企业中整个人力资源管理的横向链条，包括人力资源在企业中的价值创造、价值评价、价值分配三个环节。

价值创造环节：即从企业价值创造的主体和要素出发所建立的企业价值理念，而且通过价值创造机制与制度设计，不断将员工的潜能激发出来，使其不断创造价值。

价值评价环节：即以价值创造环节所确定的价值理念为依据，进而确定这些主体和要素所创造的价值量，为价值分配打好基础。

价值分配环节：就是要在前面两个环节的基础上，对公司创造的所有价值进行公平合理的分配与再分配。

这条价值链的后一环节都是以前一环节为基础的：价值评价与价值分配以价值创造环节为理念和原则；价值分配以价值评价为依据和标准；价值分配又通过对员工的激励和劳动耗费的补偿作为新一轮价值创造的起点。通过前后呼应，这三个环节形成了一个有机整体，使得职位管理体系、胜任力能力体系、绩效考核体系、薪酬分配体系等能够形成有效的呼应与配合，因为这些相互配合的要素是企业人力资源管理机制的主体，所以能够使企业的各项机制相互整合，促进整个企业的人力资源管理机制形成一个有机整体。

如今，随着经济全球化进程的加快和科学技术的不断进步，现代企业管理各方面正在进行一次大的变革。在这场变革中，企业管理思想的变化主要表现在以下四个方面，即从过程管理向战略管理转变、从内向管理向外向管理转变、从产品市场管理向价值管理转变、从行为管理向文化管理转变。在这种情况下，价值链管理模式就成为一种新的认识和看待现代企业管理的有效工具。

1. 企业人力资源价值链管理的形成与发展

从企业管理的整体活动来说，在企业的整体价值链条中，人力资源管理系统是非常重要的一个环节。即使是人力资源管理子系统，其内部也有很多能够满足价值链管理要求的系统，所以对于整个企业组织来说，人力资源管理系统的价值链管理发挥着特别重要的作用。人力资源管理子系统实施价值链管理不仅是企业价值链管理的正常要求，而且也是人力资源管理子系统对自身进行资源优化配置的内在要求。

德尔和瑞维斯是最先进行人力资源价值链研究的人。在 1995 年，通过对组织绩效测量的方法进行研究，他们发现组织绩效的产出实际上代表了一个因果关系，也就是人力资源实践影响雇员产出，雇员产出进而影响组织产出，组织产出又会影响财务产出，最终导致公司市场产出的变化。基于这些分析，他们提出了早期的人力资源价值链模型。在他们之后，很多学者也提出了相关的人力资源价值链模型，其中贝克和胡塞利提出的模型最具代表性，该模型认为公司经营战略对人力资源系统的设计具有驱动作用，雇员的行为受到影响，促进公司的运营绩效不断提高，最终促使公司市场价值的提升。在我国，一些学者也注重对人力资源价值链的研究，他们认为价值创造、价值评价和价值分配构成了人力资源管理的价值体系。正是围绕这三个方面，企业人力资源管理价值链才得以构成。这三个环节是企业人力资源管理体系的核心与重点。

2. 企业人力资源价值链管理的关键

人力资源管理系统若想推行价值链管理，必须组建起科学的价值评估体系与价值分配体系这一关键。只有组建起价值评估体系与价值分配体系，才可以形成有效的激励体制，然后再推动企业员工为企业创造更多的价值与财富。

通过深入研究，可以发现，开展企业人力资源价值评估研究具有重要的现实意义，它可以使企业注意到人力资源作为一个整体；作为企业资产的价值问题，还可以使企业更准确地进行资产价值评估，进而使企业信用评价中对人力资源的评估更具科学性；与此同时，它还可以帮助确定企业工资总额，吸纳企业员工和开发企业人力资源，帮助企业解决劳动纠纷。在现有条件下，我国对人才特别是企业家管理才能往往持一种轻视态度，这必然带来企业运行成本的增加，导致企业发展处于不利位置。在此情况下，开展企业人力资源价值评估有助于保护资产完整、维护人才合法权益；有利于企业人才战略

的实施。要想真正实施人才战略，企业必须从资产价值角度重视人力资源。

怎样寻找一种科学有效的办法来对企业人力资源价值进行分析判断，并在此基础上研究企业的人才战略，成为现代企业进一步发展面临的显著问题。完整的企业人力资源价值评估包含两大内容，即人力资源个体价值评估与群体价值评估。

对于个体人力资源价值的研究，国外的学者提出了一些用于评价个体价值的计量模型。例如，马克思的劳动价值论，他认为工资就是劳动力价值或价格的体现。以此为基础，有些学者提出了以成本为基础来计量人力资源价值的方法，也就是历史成本法和重置成本法。而美国的乔治·赫曼森提出了未来工资折现法，巴鲁克·列夫和阿巴·施瓦茨提出了未来收入折现法，弗兰霍尔茨提出了随机报酬法，赫奇曼和琼斯提出了内部竞价法等个人价值计量模型。当然，这些计量模型都有其存在的合理性，但是也都存在很多不足。在对人力资源个体价值评估的过程中，一定要严格界定评估范围，而且在此基础上选择合适的评估标准和评估方法体系。

下面就以企业家为例就人力资源个体价值评估的方法进行分析。

（1）市场价格法

在企业家或经理市场上找到当前受雇企业家能力相同或相近的人当作参照物来评估企业家价值的一种办法叫作市场价格法。截至目前，因为我国人力市场并不是很成熟，因此采用这种方法缺少现实基础。可是，这不可以否决市场价格法所持有的一些特点，像评估视角与评估途径直接、评估过程直观、评估数据直接取材于市场、评估结果说服力强等优点。伴随着人才市场变得越来越公开、透明、活跃和富有效率，市场价格法将会得到更大范围的应用。

（2）收益现值法

将企业家安置于指定的企业中，把企业家预期留在既定组织的时间内为该组织创造的一系列未来经济收益的现值确认为企业家价值就是收益现值法。企业家对该组织创造的未来经济收益可依据企业在连续经营的前提下产生的预期收获赢利，引进分配系数来计算。

3. 人力资源价值链管理的意义

具体包括以下几个方面。

第一，人力资源管理系统推行价值链管理不只是企业价值链管理的普遍性要求，更是人力资源管理系统自身优化配置的内在要求。从某些方面来说，价值链管理组成了人力资源管理的核心。

第二，人力资源管理系统推行价值链管理的关键是经营好企业的“价值链”，只有创建起科学的价值评估体系与价值分配体系，才能形成有效的激励体制，进一步鼓励企业员工创造更多的有用价值。

第三，假如想要让人力资源价值链充分而有效地运作起来，就有必要制定一套有效的绩效考核和目标激励机制，而这套机制同时也是整个价值链运转的动力机制。

第四，人力资源的价值链理论为我们提供了一条通过人力资源管理实践提高组织绩效的有效道路，对整个组织的发展有着里程碑的意义。

人力资源管理的精髓

现在，在越来越多的企业中，人力管理的部门名称虽然换了（由人事部改为人力资源部），但是人力资源管理的工作并没有落到实处。究其根本在于，人事经理并没有真正转变角色，没有形成人力资源管理的新观念，没有真正理解人力资源管理的实质内容。

结合中国企业的实际情况与理论分析，我们将人力资源管理的精髓归纳为四个字：选、育、用、留。它是一项以识人为基础、选人为导向、育人为动力、用人为核心、留人为本质的工作。

1. 选人

人力资源管理工作的首要环节是选人，是对招聘人员的甄别或选拔。想要真正选拔到优秀人才，第一，一定要了解组织的宗旨、战略以及业务的发展，必须提前制订较为详尽的人力资源计划。第二，要明确岗位要求，尤其是任职资格分析十分重要，只有这样才能做到某些人适合做某些事，某些事必须由某些人去做。第三，要有一个完善的选人标准，处理好德和才的联系。第四，选人者自身要具备较高的素质，有相对应的专业知识，只有在此基础上才能更好地甄别人才、发现人才与选好人才；当然，还要有科学的选人机

制和严格的程序。在选人机制上，要掌握好公平、公正、公开的原则。第五，需要特别留心的是，招聘和选拔主要看重人员的潜能。俗话说：能者识能，贤者识贤。潜能是无形的，人力资源开发最有价值的意义是你发现了员工自己都没有意识到的潜能，并使它得以有效运用。

同时选人要符合本公司的实际情况，要注重实用，而不是盲目看学历与工作经验。比如，美国IT业巨头IBM一年四季都在招聘，但能够有机会进入IBM的却凤毛麟角，因为IBM招募的都是真正的精英。

在招聘条件上，IBM公司有三方面的要求。其一，一般能力，包括逻辑分析能力、适应环境的应变能力、注重团队精神与协作能力和创新能力。其二，品德，而且把这一点作为雇用的先决条件。其三，岗位方面的实际技术能力与心理特征，包括沟通技巧、计算机操作能力、英语水平及发展潜力等。IBM对员工的个人发展潜力非常重视，因为这关系到员工未来是否能够有所发展。

IBM公司的招聘途径多种多样，通常有人才招聘会、报纸广告、网络招聘和校园招聘等。IBM一项特别又有效的途径，是实行内部推荐招聘。公司充分信任自己的员工，奉行“内举不避亲”，鼓励员工介绍自己的亲朋好友来IBM公司，如果推荐的人很适合IBM的要求，IBM还会奖励介绍人。

2. 育人

培养人才就是指育人。育人的主要目的，是激发员工对本职工作的乐趣，提升员工的工作素养并且规划员工的职业生涯，以达到使员工变成有职业特长的人才的过程。所以，管理者的角色是老师或者教练甚至专家。在组织发展的同时，帮助员工得以尽快成长，是管理者的重要使命。培训必须要从岗位出发，综合员工的岗位要求，切实帮助员工提升工作技能。培训要因人施教，学以致用，与实践密切联系。现代企业越来越推崇一种新的培训概念：培训不仅是知识的传授，技能的拔高，最主要的是观念的更新，态度的转换。从某种意义上来说，培训不仅不是消耗，反而是一种投资。培训产生的收获所带给企业的不仅是工作目标的完成，更是整个企业素质的提升。必须具备如此的想法，企业才能经久不衰，独占鳌头。

3. 用人

对各级管理者来讲，科学合理地用人，是人力资源管理工作中极具挑战性和极具艺术性的工作。要想发挥人才的积极性和创造性，前提是用好人。用人的本质首先是安置好人。怎样在最恰当的时刻把合适的人放在合适的岗位，怎样找到“人”和“事”的最佳连接点，做到每件事都有人做，而不是人人都有事在做，是值得中国大多数企业管理者深思熟虑的事情。当然，要真正意义上用好人，必须做到知人善任、量才录用、任人唯贤和用人之所长。大材小用或小材大用都是不恰当的。另外，无数集大成者说过：用人不疑，疑人不用。证明这是用人的最起码原则。只是，要真正在工作进行中做到用人不疑，还需要不断完善各种人事管理制度。各级管理者只有做到先者上，平者让，庸者下，才能真正激发员工的潜力。

4. 留人

如何留住人才，尤其是留住重要技术岗位人才和管理岗位人才，这是让管理者头痛的问题。留人贵在留“心”，“身在曹营心在汉”的人千万不可以任用。假如员工认为在外面有更适合他的发展，不可以强行挽留，人才的流动是再普通不过的现象，可能走的人将来对企业还会产生“反哺作用”。

(1) 感情留心。

研究发现，人和人之间建立情感主要有以下四个途径。

第一，情感是建立在相互接触的基础上的，称之为生理接触。接触得越多，情感越深，就是日久生情。作为企业老板，在企业规模小的时候要多和员工交流，即使是大型企业也要注意这点，这种交流、这种情感的建立不是指个人与员工之间，而是要使企业和员工之间建立一种很好的情感。当老板没有时间和员工交流的时候，必须有人代表企业和员工交流，这就是分工，这就是授权。

企业在和员工接触时，必须要有情感留人的计划。企业在对待新人和关键员工的时候，要适当地多和员工交流，帮助员工在企业内部扎根，使员工留恋本企业。为什么创业元老之间感情比较深？就是因为他们天天在一起，所以情感就深。我们现在的家庭为什么不稳定？就是因为夫妻之间接触太少，

缺少相互之间的思想交流。

在生活中我们经常会看到，好多老板让自己的司机去给女朋友送花，送到最后司机跟他的女朋友结婚了；或者好多演员，最后和自己的经纪人或者保镖结婚了。这就是生理接触。

第二，施恩。什么是施恩？就是要给人好处，也就是利益的问题。韩国有个崔氏家族绵延了七百多年，为什么？其中一个非常重要的原因就是施恩，如有讨饭者给饭，有过路者给提供住宿，有朋友来盛情款待等。就是这样一点一滴积累起来的稳定关系，使这个家族像参天大树一样深深地扎根在了社会上。

施恩所得的回报是什么？是信息。所以，老板要学会施恩，要通过点点滴滴的施恩来留住员工的心，从而留住员工这个人。但是施恩时也要注意环境，在人处于一个比较脆弱的阶段的时候，施恩所产生的反馈作用最大，最容易一次性地建立稳固的人际关系。人一般在事业初期，或者在生活比较困苦的时候，最容易产生感情。

在中国历史上，凡是好的领导者都懂得恩威并施。恩就是把人心收住，威就是把人吓住。这就是管理学讲的激励与惩罚的结合。好老板不要单纯地激励员工，要表扬与惩罚相结合，表扬是告诉员工这件事做对了，惩罚是告诉员工这件事做错了。

第三，呼唤，要学会表达。员工大多不愿意表达自己的思想，所以老板要经常与重要的员工沟通交流。

第四，依赖，人和人的关系到了互相依赖的程度就不一样了。什么叫互赖关系？我们作一个形象的比喻，冬天的时候，如果两个刺猬在野地里独自取暖，肯定会被冻死，但是靠在一起，相互取暖，就会都生存下来，这就是互赖关系。在企业内部什么叫互赖？就是员工需要工作，老板给你提供；老板需要员工，员工也能胜任。企业发展到最后应该是共赢关系，老板和员工之间达到了共赢，实际上最后员工是在给自己打工，每一个岗位的员工都是自己的老板。老板是做员工的平台，而员工是做自己的平台。

现代管理学崇尚从共存到共赢，而不是单纯一方赢。情感留人在理论上有怎样的一个解释呢？它是低成本的留人方式，而且可以满足员工的精神需求。员工一开始是有生存要求，然后就会产生成就和心理的要求。每一个员工到最后都需要这个东西，所以作为老板必须要满足员工的多方面要求。

（2）事业留魂。

现如今，企业的竞争归根结底是人才的竞争。如果一个发展过程中的企业缺少人才的支撑必然不会有大的发展。很多企业为了留住人才，提出了“感情留人、事业留人、待遇留人”的口号，并把它作为企业的文化理念。那究竟如何做才能为企业留住人才呢？很多人认为让员工有好的收入，有好的发展前景就会留住他们的心。但如果企业有干事业的前景，就是收入低些，待遇差点，员工也会考虑留下来。可见事业在人才眼中的重要作用。

绝大多数人才注重的是自己的成长及发展空间是否与企业经营理念紧密相关。要真正留住人才，使人才有用武之地，就得靠事业来“攻心”。留住人才是一项系统工程，贯穿于企业内部工作安排、内部晋升、员工培训、参与管理及职业发展计划等过程。

（3）文化留根。

文化留人就是关注人才的内心世界，以激发人才的正向情感、消除人才的消极情绪为核心。只有满足了人才的情感需要，才能提高企业的凝聚力和向心力。通过管理心理学的研究发现，如果员工对企业没有认同感和归属感，那么他的所作所为只是对自己负责，而如果员工对企业有很强的认同感和归属感，其行为则是对企业负责。如果企业想达到这个目的，就应该做到以下几点：

①培育以共同价值观为核心的企业文化。

②树立管理者的个人魅力。

③建立无边界沟通的文化。

④建立留人的“平台”。

⑤培养员工对企业的认同感。

⑥切实提高员工对工作的安全感。

人力资源管理的核心价值

在传统的人事管理制度下，员工大都不能把潜力发挥出来，致使人力资

源不能被充分完全地利用。人力资源管理者实现自身价值的唯一办法就是调低公司的人力成本，可是这种成本的调低通常是以员工工作积极性与工作绩效的降低作为代价，更为严重的会导致企业经营管理出现恶性循环。

现代人力资源管理可以通过团队激励等形式，鼓励员工改善工作绩效，充分发挥员工的价值和潜能，员工满意度的提升、生产效率的提高、流动率的降低可以有效提高产品和服务的质量以及客户的满意度，最终会不断提升公司经济效益。

根据企业核心竞争能力的观点，技术、资本和产品等虽然也能为企业创造价值，但这种竞争优势很容易被竞争对手模仿和超越，而人力资源作为企业竞争优势中一种难以模仿的特定资源和能力，则是保持企业核心竞争优势的源泉。

人力资源管理可以用以下公式来定义：

人力资源管理 = 人事管理 + 资源管理

①人事管理：属于职能角色，主要负责企业的人力资源基础管理工作，如人力资源规划、招聘与配置、培训、薪酬绩效、员工关系管理，人事管理的目标是推动人力资源规范化管理，确保企业发展得到有效的管理支持。

②资源管理：需要站在企业人力资源管理战略高度来考虑如何做好人力资源整体规划以保证企业战略发展对人力资源的需求得到最大限度的满足；如何最大限度地开发与管理企业内外的人力资源；如何激励和考核人力资源使其潜能得到最大限度的发挥；如何培养人才，使人力资源的价值得到最大限度地挖掘；如何有效控制人力成本等。

人力资源管理价值无处不在，如表 1－2 所示。

表 1－2　　人力资源管理的价值

职　责	人力资源发挥的核心价值
人力资源战略规划	人力资源战略规划是人力资源工作的起点，是人事行动指南和工作纲领。科学有效的人力战略和规划可以形成清晰的人力资源管理策略，包括招聘策略、培训策略、薪酬策略和绩效管理策略等，可为公司前瞻性地规划人才需求和供给，为公司提供充足的人力资源保障；反之，企业人力发展出现断档和空缺，势必严重影响企业的发展

续 表

职 责	人力资源发挥的核心价值
制度建设	俗话说“无规矩不成方圆”，人力资源通过建立符合《劳动合同法》的管理制度，确保公司人力资源管理不存在管理风险和隐患。建立和持续优化管理流程，势必能为企业健康发展提供有力的管理支持
招聘配置	规范的招聘流程管控，从招聘需求入手，面试组织、录用审批一直到发 offer。良好的招聘体系可以给公司提供最适合的人选，完成公司的计划经营目标；同时进行足够的人才储备，为公司的发展提供后劲；此外，规范的招聘管理不仅可以控制人力成本，还可以保证录用人员的质量
绩效与激励	绩效管理是人力资源管理的生命线，员工能为公司创造价值，能为公司带来绩效，员工必须成为资源、资本或者财富，否则就是成本或者是浪费；通过建立一套适应高科技企业发展的价值评价体系，可以对员工的价值创造过程和价值创造结果进行评价，为价值分配提供客观公正的依据。激励机制是人力资源管理的加油站，企业必须通过卓有成效的绩效管理，做到“能者上、庸者让、无能者下”。在绩效与激励方面，人力资源发挥着不可替代的专业管理价值
薪酬管理	薪酬是留住人的金手铐，薪酬福利必须坚持“对外具有竞争性、对内具有公平性”的原则，才能充分发挥其保障性、竞争性和激励性的作用。人力资源部通过科学的薪酬调查，制定科学有效的薪酬体系是企业正常运营的基础，如果薪酬管理混乱，势必影响员工稳定性和人才价值的发挥
福利管理	建立公司可承受的福利管理体系，对于人才吸引和保留至关重要；反之，员工缺乏职业安全感和归属感，势必影响人才的稳定度和忠诚度
人力资源开发	培训工作是企业基业长青的动力源，是员工成长的充电器。人才选拔和培养是人力资源开发的核心，如果企业没有建立科学的人力资源开发、培训和培养机制，员工无法实现自身增值，企业发展也会受到员工素质和能力的约束，进而必然失去动力
入职管理	为员工提供规范的入职服务，让员工享受规范的入职流程，对于新员工快速融入新的组织、降低团队适应成本至关重要

续 表

职 责	人力资源发挥的核心价值
试用期和转正管理	规范有序的试用期考核对于新员工管理至关重要，不同的员工根据其表现结果，有不同的转正流程，这对于提升转正效率至关重要
员工关系	规范有序的劳动合同管理，对于减少劳动纠纷、提高员工满意度非常重要，如果没有规范的员工劳动关系管理，势必引起很多纠纷，企业正常运营环境无法得到有效保障
人才引进	根据国家人才引进政策，规范高效的人才引进管理，对于提升公司吸引力、提高公司吸引优秀人才的魅力非常重要
考勤和休假管理	规范有序的考勤和休假管理，可保障企业正常经营和管理秩序，否则员工应有的假期福利无法得到有效保障
档案管理	无论规范的内部档案还是企业外部存档的管理，对于规范员工的基础信息管理都非常重要
离职管理	规范有序的离职管理，会降低离职员工对公司业务的冲击，还会减少员工离职给公司造成的各种经济损失
劳动纪律管理	为企业经营提供良好的管理秩序
劳动争议管理	推动建立和谐的劳动关系，减少劳动纠纷，对于维护企业形象、提高企业知名度和美誉度非常重要。如果企业争议纠纷不断，势必严重影响正常经营
人员优化	逐步淘汰表现较差的员工，可不断提升企业员工的综合素质，降低企业运营成本
人才梯队	为企业储备人才，保障企业人才不断档
企业文化建设	共同的价值观和经营理念，为企业发展提供凝聚力和战斗力
人力成本控制	与人力资源管理有关的成本涉及企业的招聘、遴选、培训和报酬等多方面的费用，这些费用共同组成了企业的人工成本。人工成本是企业总体成本中的重要组成部分，有效的人力资源管理可以降低企业人力成本，间接提升企业的利润

人力资源管理的核心价值是：紧密地围绕企业的经营管理展开人力资源管理的核心工作，通过提升员工价值，促进和保证企业经营目标的实现，逐

步推进与实现公司发展战略，帮助企业成功，从而展示人力资源工作的专业性和对企业的贡献。

针对人力资源专业管理价值，必须以“一个核心思想、两个管理意识、三个关注层面”为基点进行分析。

1. 一个核心思想

人力资源要成为企业发展战略的推动者，那么，所有工作必须紧密地围绕企业的经营管理展开。

2. 两个管理意识

即客户意识和服务意识。

（1）客户意识

人力资源部要真正将业务部门当成自己的客户，了解业务部门的需求。只有有了这种客户意识，满足了业务部门的需求，才能真正体现人力资源管理工作的价值。

（2）服务意识

人力资源管理工作的价值是通过业务部门来实现的，要切实满足业务部门对人力资源工作的需求，不断提高实际工作水平。人力资源管理工作中，事务性的工作占据了管理者大量的时间和精力，因此很容易陷入工作的过程中，而忽视了结果。所以在工作中，一定要时刻关注结果，查看每项工作的结果是否满足了业务部门的需求。只有有了明确的结果导向，才能时刻关注人力资源管理工作的价值。

3. 三个关注层面

即管理层、中层经理和员工。他们代表了三个不同的群体，其需求及关注的结果是不同的。

（1）管理层关注公司最终的业绩

如果公司的业绩不好，其他什么都谈不上。因此，人力资源部门的负责人要关注公司的老板在想什么、从哪些方面能够帮助公司达成业绩。当然，老板也会关注企业的战略发展方向问题。

（2）中层经理关注的是自己部门的业绩指标是否能完成

因此人力资源部门就需要考虑从哪些方面能够帮助中层经理完成自己的业绩。也许是招聘、也许是培训、也许是绩效管理等；不同的业务部门可能需求不同，不同阶段也可能需求不同。这就需要人力资源部要时刻关注业务、了解业务，了解业务部门正在做什么、遇到什么困难、需要什么帮助。

（3）员工主要关注的是自己的个人业绩指标及职业发展等

因此，人力资源部要考虑从哪些方面能够帮助员工完成自己的业绩，帮助员工成长。

只有真正帮助业务部门实现了他们的价值，人力资源部的价值才能得到体现，也才能将所谓的战略人力资源管理落实。

人力资源管理未来的使命

在企业的未来发展定位中，人力资源管理部门不仅要懂业务、会经营，而且还需要有控制成本的能力。在企业发展进程中，人力资源部主要承担着如下使命和扮演如下角色。

1. 始终保持人力资源的专业化精神

随着社会的不断发展和环境的不断变化，企业要想取得更大的成就，必须适应内外环境的变化。当然，这些方面都离不开人力资源管理者的努力。人力资源管理者必须保持对内外环境变化的关注，努力学习和掌握前沿管理理论和专业知识。对人力资源的管理需要保持敏锐的嗅觉和深刻的洞察力，时刻准备为企业人力资源管理提供先进的管理理念支持，成为企业领导部门的得力助手。

2. 企业管理问题的发现者和解决问题的推动者

任何企业在运营过程中都会出现这样那样的问题，此时人力资源部所担当的角色就是问题发现者，特别是在人力管理制度流程、企业运营管理和流程管理方面，人力资源部一定要充分利用自身的专业知识、对职业的敏感度和考虑到部门职能的特殊性，及时发现各种各样的问题，然后组织各方面的力量来寻求解决问题的最佳办法，使企业发展朝着更加规范的方向前进。

3. 企业各项改革的推动者

如果一个企业想拥有持续的核心竞争力，必须做到变革。然而，变革并不是一件容易的事情，它需要各方面的努力，并且需要合适的环境。通常来说，在变革的过程中往往会受到来自各方面的压力和阻力。此时，人力资源部作为专业的管理部门，就应当承担起推动企业不断改革的责任，充分利用自己的专业知识，帮助企业应对不断变化的环境因素，使企业在市场竞争中占据有利地位。

4. 企业的沟通平台

俗话说“有人的地方就有江湖，有江湖的地方就有恩怨”。在企业人力资源管理方面，人力资源部应当搭建沟通平台，避免管理内耗，协调各方力量共同致力于提高组织绩效，只有这样，企业才能在一片和谐的氛围中取得持续发展。

5. 推动企业内部管理服务意识的楷模

人力资源所涉及的不仅是管理，更是服务。在管理过程中，人力资源部一定要认真倾听各个部门的实际需求，为他们出谋划策。当了解到员工面临的困难时，人力资源部应当充分发挥自身的优势，为其排忧解难，取得共同进步。

6. 企业学习型组织的构建者

要想实现企业的价值创新就需要不断学习。而如何让企业成为一个学习型组织，这是人力资源部的首要任务。之所以要把企业建成一个学习型组织，是为了使企业员工获得不断学习、系统思考的能力，进而将其转化为价值创新力，为企业的发展注入新的活力。

为了实现人力资源管理的使命，人力资源部必须实现从传统人事管理向

现代人力资源管理的理念转变（见表1-3）。

表1-3　人力资源管理理念的转变

转变要素	传　统	现　代
转变关键点	人事管理	人力资源管理
管理导向	只注重成果	更加关注过程控制
管理视角	人力为成本	人力为资源
职能范围	基础事务	参与战略和决策
服务意识	被动反应	积极主动
管理焦点	以结果为导向	强调绩效过程管理和控制，引导员工如何提高绩效
管理深度	管好现有人员	更注重开发员工潜能
管理规范	例行的、规范的	变化的、挑战的
劳资关系	对立的劳动关系	平等和谐的劳资关系

可见，人力资源管理的使命就是：坚持以“以人为本”的核心价值观为导向，通过雇主品牌吸引人，创造好的机会培养人，建立好的机制用好人，搭建事业舞台留住人。在企业发展过程中，做到与员工和企业共同进步，使员工的满意度得到明显提高，打造最佳雇主品牌。为了保证企业的健康发展，一定要把人力资源建设成企业的核心竞争能力，只有这样，企业才能在任何时候和任何竞争中都立于不败之地。

超导链接

华为为什么能赢

最初的华为只是一个非常不起眼的小公司，但是今天它已经成为全球最大的电信网络解决方案提供商，全球第二大电信基站设备供应商，全球第二大通信供应商，全球第三大智能手机厂商，也是全球领先的信息与通信解决方案供应商。为什么华为能在短时间内取得如此大的进展呢？这主要取决于华为独特的人力资源管理体系。下面将从以下六个方面来对华为的人力资源管理进行解析。

1. 卓越的战略思想

在一个企业中，战略思想起着指明灯的作用。而华为的战略思想就为企业的发展指明了基本方向。与其他企业的战略思想相比，华为却有着与众不同的战略思想，在这一方面实现了管理创新。例如，华为尤为重视毛泽东思想的活学活用；一般的企业往往强调民主环境的营建，反对独裁，而华为却提出“没有独裁就没有民主”；一般的企业在做大做强之后往往尝试着走多元化的道路，而华为坚守“只做通信产品”的道路；当 IT 形势一片大好时，华为却能做到未雨绸缪，最先喊出了“IT 业的冬天必将到来”，这为该领域企业的发展起到了惊醒作用。

最初，国内的电信业还是一个非常小的行业，通信质量也无法满足人们的正常需求，因为其价格较高，而且使用不方便，所以大多数单位和私人的通信需求被大大压抑，大多数的中国人根本无法进入国际市场。对于中国市场来说，决定通信业竞争成败的关键就是进行技术开发、改进通信质量。在最初进入电信行业的时候，华为将所有的精力都集中在开发程控交换机上。当其产品开发成功之后，华为已经将国内的竞争对手远远甩到了后面，从而在国内电信行业上站稳了脚跟。国际电信行业巨头发展主要集中在城市市场上，但是华为最开始选择的是农村“新市场进入”，所走的是“农村包围城市”路线，它的这一路线并没有遭到国际巨头的围追堵截。当华为在农村市场取得成功之后，才开始慢慢进入城市市场。因为其技术性能接近国际巨头，而成本又比其低很多，所以在城市市场中，华为为电信运营商提供了更高的性价比，所以开始在城市市场上立足。

2. 独特的经营机制

任何企业的发展都需要一套符合自己的经营机制，华为也是如此。它所制定的企业经营机制包括利益驱动机制、权力驱动机制、成就驱动机制、理

想追求与价值驱动机制。而价值评价体系和价值分配制度则直接决定了华为的成功，同时也是其企业管理中最具特色的一部分。其主要内容和特点表现在以下几个方面：公司的全部价值是由劳动、知识、企业家和资本创造的；价值评价的标准是公司的成就、全体员工的士气和公司的归属意识；价值分配的依据是才能、责任、贡献、工作态度与风险承诺；价值分配的对象是组织权力和经济利益；价值分配的形式是机会、职权、工资、奖金、股权、红利、福利以及其他人事待遇。其创新之处就在于把知识转化为资本。表现在股权和股金的分配上，股权的分配不是按资本分配，而是按知识资本进行分配，也就是将知识回报的一部分转化为股权，然后获得收益。

3. 别具一格的人才机制

对于高科技企业发展来说，高素质的人才是不可或缺的条件。在华为看来，人才是企业发展的资本，其地位甚至比资金更高。所以，华为想方设法地集聚高素质、开拓型、敬业型人才，而且为此创造了一套好的机制。目前，在华为的员工中，85%以上是大学本科学历。在企业发展过程中，华为尤其强调人力资本增值目标优先于财务资本增值目标。公司的人才资源管理机制不仅建立在自由雇用制基础上，而且还需要引入竞争和选择机制。为了促进人才的合理流动，要在企业内部建立劳动力市场。在人才流动方面，为了能让所有的干部具有承担重任的综合素质，华为强调高中级干部强制轮换；对低级职员则提供自然流动，只要能在岗位上认真工作，踏实钻研，就可能成为某一方面的管理者或者是技术专家。据统计，华为每月平均有200多人换岗，而且每个人都可以根据自己的需要进行选择或者是竞聘。这样的人才机制怎么能不使企业获得成功呢?

4. 独特的报酬机制

在报酬与待遇上，华为的工资分配实行基于能力的职能工资制；奖金的分配各部门与每个人的绩效考核相挂钩；医疗保险的多少按对公司贡献的大小进行分配，对于高级管理者与科技专业人员与一般员工实行差别待遇，另外，高级管理者与科技专业人员除享受医疗保险外，还享有医疗保健等特殊待遇；退休金以及公司的福利分配，依对员工的工作态度的考评结果而定。

由此可以看出，在待遇上华为对优秀员工有明显的倾斜性。而正是这种“倾斜性”促使员工积极地投入到了工作中，为企业创造了不可估量的价值。

5. 积极培养和发展员工

华为集团作为一个高科技企业，很重视对员工的培训，主要体现在以下几个方面：首先，对于新员工实行导师制，也就是说每一个新员工进入公司都有一名老员工担任他的导师，来帮助新员工解决自身在公司中遇到的问题。其次，等新员工通过了试用期，就开始对新员工进行各种培训，使新员工不但能快速地融入工作，而且能让新员工增长工作技能。最后，华为实行在职培训与脱产培训相结合，自我开发与教育开发相结合的模式，从而让员工适应企业的发展。为此，华为为员工建立了持续发展的培训机制，每年都有大批的员工到国外进行学习。

6. 优秀的企业文化

华为认为“资源是会枯竭的，唯有文化才会生生不息”。华为的创办者在华为诞生的那天起就认识到了企业文化的重要性，而且对其精心培育。正因为华为将独具特色的文化注入到了企业的经营管理中，所以才产生了巨大的文化管理效能。就一支军队来说，如果没有灵魂，那么其可能在作战前就已经分崩离析。但是如果这支军队有灵魂，那么即使遇到一时的困难，这支军队也能在短时间内重组起来，然后在战场上一展雄风。其实企业文化对于团队建设也是如此。企业文化是企业的灵魂。就中国大多数企业来说，真正了解和实施企业文化的企业比例非常低，但是华为有幸成为其中之一。华为的企业文化体现了“华为精神”，它使得华为成为了华为。华为的企业文化可以用这样几个词语来概括：团结，奉献，学习，创新，获益与公平。除此之外，华为还强调做实。对于华为来说，企业文化不仅仅是一个口号，更是实实在在的行动。

总之，华为集团把人看成是唯一可以依靠的“资源”。把认真负责和对员工进行有效管理看成是最大的财富。也正是这些独特的资源管理理念和具体的人才管理机制，才使华为保持了强有力的竞争优势。

第二章

管理战略再造：引爆企业竞争力核能

人力资源管理的重要性逐渐增强。大多数企业已经意识到人力资源是最具有竞争优势的有利资源。在外部环境不断更替的当下，企业要想获取可持续竞争优势，不能仅仅单独依靠传统金融资本的运营，还需要依靠人力资源优势来维持与培育竞争力。这种显著变化促使人们对人力资源管理战略的重视。企业为实现目标所进行与所采取的一系列有计划和具有战略性意义的人力资源部署以及管理行为就是所谓的人力资源管理战略。

人才：企业成败的关键

当下企业的竞争，归根结底是人才的竞争。人才是企业所有问题的本源。企业成败的关键在于人。历史上许多的大事件，都是因人造势。关于这个道理，成功的君王清楚，失败的君王无法领悟；成功的企业家明白，失败的企业家不懂得。什么原因导致世界500强企业的平均寿命能够达到50岁左右？像德国西门子以及日本三井集团等都是长盛不衰的大企业。其答案就是由于这些公司拥有可持续发展的高绩效人才。

人才是现代企业发展的动力源泉，员工居于各种要素之首，人力资源将是企业制胜的关键。谁拥有大量的人才，谁就可以脱颖而出，甚至独占鳌头。21世纪，是人力资源管理再造的世纪。策略导向型的人力资源规划一定会成为企业战略规划不可分割的重要部分。在当今信息飞速发展的时代，更多的企业已经认识到，要想在竞争中立于不败之地，只有将长期性的人力资源规划和企业战略规划紧密联系。

人才战略非常重要的一点是把人作为一种活的资源来加以开发和利用。所以，一个组织的成功更重要的是取决于该组织管理人力资本的能力。人力资本，对一个组织来说是具有经济价值的个人的知识与技巧以及能力的结合。尽管这并没有在公司的资产负债表上有所展现，可是对一个组织的绩效来说，却是不容漠视的因素。惠普公司的总裁莱维斯·普莱特曾说：“21世纪的成功企业，将是那些尽力去挖掘和储藏以及平衡员工知识的组织。”因为人力资本是无形的，是为员工个人所持有，并不是为组织所持有，所以怎样组建管理开发人力资本对人力资源管理者而言是很具有挑战性的一项工作。

不容否认的是，人力资源管理可以为企业发展奠定根基。企业实行可持续发展战略，每一项工作肯定在全体员工身上得以落实。事实上，在实际工作中，企业有时出现各种各样的问题，究其本源，不过就是人出现了问题。

人力资源是企业管理者拥有的全部资源中最宝贵，也是最不容忽视的资源。最宝贵的资源自然是当代企业管理的核心，这样一来，管理者不断提升人力资源管理和开发的水平，不但是目前发展经济、提高市场竞争力的需要，也是一个单位走向成功的需要，更是一个现代人充分发掘自身潜能、适应社会与改造社会的需要！

作为目前企业的管理者，必须要充分意识到人力资源管理在发展中的战略地位与重要含义，要把人力资源管理和开发作为推行可持续发展战略的基础工程来抓，要把人力资源管理和开发作为推行可持续发展战略的第一条件来看待，一旦脱离了人力资源工作，那么全体员工谈可持续发展就是不切实际的幻想，这是企业在制定、推行可持续发展战略时必须要特别留心的问题。

20 世纪 80 年代提出的一个全新的发展观就是可持续发展观。它的产生不仅为人类世界的发展指出了一条环境和发展相结合的道路，而且也为环境保护和人类社会的协调发展提供了一个创新的思维模式，同时更是为今后企业的发展指明了方向。

企业战略：必须从人力资源战略抓起

古人云："人无远虑，必有近忧。"如今这句话同样适用于企业未来发展的长远战略。企业一旦经营不善，就将被市场淘汰，然后导致全体员工也跟着失去工作。对于企业管理者来讲，战略管理的目的是为了积累并增强企业核心竞争力，方便企业在市场上占有份额，为社会、股东和员工以及客户们创造应有的价值。

那么，企业战略到底是怎样的呢？

众所周知，战略是提前明确企业（个人）明天想要得到什么，今天就着手去做，到时候自然水到渠成！战略是谋略，同时也是所要施行的行动。战略的关键在于通过这些活动，能够决定我们的方向和目的以及怎样做就保证是正确的。所以，人力资源战略就是科学地分析和预测以及组织在未来环境变化中人力资源的供给和需求情况，并且制定必要的人力资源获取、利用和保持以及开发策略。保证组织在需要的时间与需要的岗位上，对人力资源在数量上与质量上的需求，使组织与个人获得不断的发展和利益，才是企业发展战略的重要组成部分。

自古以来，人始终是第一生产力。从企业的各种战略（竞争战略和营销战略；发展战略和品牌战略以及融资战略等）中就能够看出，人力资源战略占据着首要地位。联想集团董事局主席柳传志先生曾说过：管理事实上就是

“建班子，定战略，带队伍”。所以，对于企业来讲，人力资源战略对于企业十分重要。那么，人力资源战略对于企业来说有何种意义呢？

1. 企业战略的核心就是人力资源战略

在企业竞争中，人才是企业最重要的资源，人力资源战略位于企业战略的核心地位。企业战略决策的制定关系着企业的发展，同时基于企业的发展目标与行动方案的制订，但是最终起决定作用的还是企业对高素质人才的拥有量。有效地利用和企业发展战略相适应的管理以及专业技术人才，最大限度地挖掘他们的才能，可以帮助企业战略的实施，进而推动企业的快速发展。

2. 提高企业的绩效需要依靠人力资源战略

企业效益的基本保障来源于员工的工作绩效。企业绩效的实现是通过向顾客有效地提供企业的产品与服务展现出来的。而实施对提升企业绩效有利的活动，并通过这些活动来发挥其对企业成功所做出的贡献就是人力资源战略的重要目标之一。以前，人力资源管理是以活动为宗旨，主要考虑做什么，而不考虑成本与人力的需求。当今，经济发展正处于从资源型经济向知识型经济过渡的过程，企业人力资源管理也就必须推行战略性的转变。人力资源管理者一定要把他们活动所产生的效果作为企业的成果，尤其是作为人力资源投资的回报，使企业收获更丰厚的利润。人力资源管理作为一个战略杠杆，从企业战略上讲，能有效地影响公司的经营绩效。人力资源战略和企业经营战略相结合，能有效推动企业的调整与优化，促进企业战略的成功实践。

3. 有利于企业形成持久的竞争优势

随着企业间竞争的逐渐白热化与国际经济的全球一体化，极少有某个企业能够拥有长久不变的竞争优势。通常是企业营造出某种竞争优势后，经过极短的一段时间就被竞争对手所效仿，最后逐渐失去优势。不过优秀的人力资源所形成的竞争优势则很难被其他企业所模仿。因此，正确的人力资源战略对企业维持持久的竞争优势具有里程碑的意义。不断增强企业的人力资本总合就是人力资源战略的目标。扩展人力资本，利用企业内部全部员工的才华去吸纳外部的优秀人才，是企业战略的重要组成部分。人力资源工作就是要确保每个工作岗位所需人员的供给，确保这些人员具有其岗位所需的技能。即通过培训与开发来缩短和消除企业各职位所要求的技能以及员工所具有的能力之间的差距。另外，还能够设计和企业的战略目标相融合的薪酬系统和福利计划，然后提供更多的培训，为员工设计职业生涯计划等来提升企业人力资本的竞争力，达到扩展人力资本并形成持续的竞争优势的目的。

4. 对企业管理工作具有指导作用

人力资源战略能够帮助企业依据市场环境变化和人力资源管理自身的发展，创建适合本企业特点的人力资源管理方法。例如，依据市场变化确定人力资源的长远供需计划；根据员工愿望，创建和企业实际相适配的激励制度；用更科学与先进以及合理的方法降低人力成本；依据科学技术的发展趋势，有针对性地对员工进行培训和开发，提升员工的适应能力，以便更好地适应未来科学技术发展的要求等。一个适合企业自身发展的人力资源战略可以提高企业人力资源管理水平，提升人力资源质量，指导企业的人才建设与人力资源配置，从而使人才效益达到最大化，让人力资源由社会性资源转换成企业性资源，最终转化为企业的实际劳动力。

实现企业战略目标，获得企业最大绩效的关键是人力资源战略。研究与分析人力资源战略，有助于加强企业自身的竞争力，是达到人力资本储存与扩张的有效途径。人力资源战略在企业推行过程中一定要服从企业战略，企业战略形成的过程中也一定要积极考虑人力资源因素，两者必须达到相互一致、相互适配，才可以促进企业全面协调与可持续发展。

核心竞争力是企业的“生命线”

企业核心竞争力是能够使企业在市场竞争中始终保持竞争优势并取得主动的核心能力，这种能力是在企业长期的发展过程中逐渐形成的，更是无法被其他企业所模仿和替代的。对于企业来说，核心竞争力就是生命线，是企业得以良性运行和不断发展的动力源泉。管理者要想带领自己的企业走向辉煌，不断取得巨大的成功，必须牢牢把握住这条生命线，不断发现和铸就企业的核心竞争力。

1. 企业核心竞争力的特点

根据对世界上很多知名企业的研究发现，企业核心竞争力主要具有以下四个特点。

（1）独一无二

企业的核心竞争力是企业所独有的，在诸多企业之中，是独一无二的一种能力。能够被其他企业代替或者复制的，就不能称作企业的核心竞争力。除此之外，企业的核心竞争力还有高级和低级之分。高级核心竞争力主要是来源于企业的研发和营销环节，很难被对手模仿，因而能为企业赢得较长时期的竞争优势；而低级核心竞争力主要来源于生产环节，相对来说，容易被竞争对手模仿，只能为企业带来短期的竞争优势。

（2）超乎寻常

拥有核心竞争力的企业，往往能够以更高的劳动生产率和更低的成本为消费者提供更高的价值和更完善的服务，从而为企业赢得更大的利润。

（3）动态发展

核心竞争力的形成和培育是一个动态发展的过程，是通过学习不断积累而成的，能够很好地适应外界环境的不断变化。所以，企业的核心竞争力随着时间的发展往往会呈现出不断变化的特点。

（4）形成系统

企业核心竞争力只是企业系统竞争力的一个重要组成部分，是无法脱离这个大系统而孤立存在的。如果企业只是一味地强调核心竞争力而忽视企业的一般竞争力，那么核心竞争力就会丧失生存的土壤。因此，企业在培育、优化、提升核心竞争力的同时，也应该兼顾一般竞争力。

2. 企业核心竞争力的表现形式

了解了企业核心竞争力的特点之后，管理者就清楚了在自己的企业中应该形成怎样的核心竞争力。具体来说，企业核心竞争力主要有以下几种表现形式。

（1）战略决策能力

企业的战略决策能够直接决定企业核心资源的配置。因此，战略决策能力是企业核心竞争力的一种。企业既要在产业发展相对稳定的时期保持企业核心能力和积累的一致性，还要准确预测产业的动态变化，并根据实况对企业核心能力进行适当的调整。企业决策后应从企业核心能力的培育、成长和积累的角度来考虑企业的战略问题。

(2) 核心技术能力

对于企业来说，尤其是高科技企业，技术是企业产品的灵魂，企业只有拥有了核心技术，才能够生产出在市场上具有竞争力的产品，为企业赢得巨大的利润。由于科技日益发展，技术寿命出现了不断缩短的趋势。要想获得持续核心技术能力，企业必须重视其研发能力，加大投入，进行技术创新，生产出企业所需要的核心技术。

(3) 核心营销能力

在市场经济体制中，营销对于很多企业来说是一个薄弱环节。而在当今市场上，由于很多行业已经形成了买方市场，为争夺消费者，企业之间的竞争变得日益激烈，在技术差异化日益缩小的今天，这种竞争往往表现为营销能力的竞争。企业必须培育一种核心营销能力，通过营销，创立核心品牌，从而为企业赢得竞争优势。

(4) 核心生产能力

企业核心生产能力的水平高低主要是通过企业的产品来展现的，生产能力则是将技术转变为产品的中介，它在一定程度上决定了产品的成本优势和质量优势。由于在大部分领域，生产能力都属于低级核心竞争力，因此，企业必须逐步将这种核心竞争力向高级核心竞争力过渡。

(5) 核心管理能力

企业核心管理能力主要包括企业收集和获取内外部信息的能力、决策能力以及对决策的执行能力。一个企业不管拥有多少核心资源，如果没有对自身进行分析，并在这个基础上进行正确的决策，使整个企业大系统得到快速高效地运行，那么这些资源也就无法为企业带来竞争优势。

(6) 市场应变能力

市场经济充满着变数，得以生存的不一定是那些最强大的企业，而是那些最能适应变化的企业。企业要想在这种变数中生存下去，管理者必须具有敏锐的感应能力，不断调整经营方略以适应外部环境的变化。如果出现无法

预料的事件，如某项技术的发明、政府政策的调整等，管理者必须迅速而又准确地拿出一套应变的措施和办法，尽可能把对企业自身的影响减少到最低程度。

（7）核心员工能力

企业的第一资源莫过于人力资源，人力资源对于企业的发展具有至关重要的作用。作为其中的重要一环，核心员工能够为企业创造巨大的价值。管理者应该通过制定人力资源战略来为核心员工创造好的环境，使他们更好地为企业服务。

（8）信息处理能力

对于现代商业社会，信息无异于财富。企业获得发展所需要的各种信息的方式和手段，以及怎样对信息进行处理和分析，将会直接影响到企业的决策。企业只有实现信息采集、加工和管理的系统化、集成化、网络化，信息流通的高效化和实时化，最终实现全面供应链管理和电子商务，才能形成企业核心竞争力，进而促进企业的长远发展。

当然，企业核心竞争力的表现形式绝对不止这几种，这只是其中非常重要的部分。值得注意的是，在不同发展阶段企业会形成不同的核心竞争力。这也说明了企业不可能同时具备所有的核心竞争力。对于一家企业来说，其具备的核心竞争力越多，对其发展越有利。

提升企业核心竞争力

对于一个管理者来说，怎样创建与维护企业的核心竞争力，是一个需要不断思索、寻找答案的过程。事实上，提升企业的核心竞争力并不十分困难。首先，要善于发掘企业的核心竞争力；其次，在发掘出一种或者几种能力以后，就要进行维护与巩固；最后，要自始至终保持创新思维，并对核心竞争力进行创新。具体的步骤如下。

1. 开发企业核心竞争力

应从以下三个方面着手开发企业核心竞争力。

第一，明确战略意图。核心竞争力突出表现了企业的战略意图。只有明确战略意图，才可以对症下药，以达到事半功倍的效果。

第二，组建合理的战略结构。在明确战略意图的情况下，企业应当协调管理人员的工作，构建合理战略结构，以达到充分优化配置企业的各种资源的目的。

第三，推行战略实施。企业要依据已经制定出的战略意图与比较完善的战略结构，具体组织且实时监控开发企业核心竞争力。

2. 维护和巩固企业核心竞争力

企业的核心竞争力是经过长期的探索开发建立起来的，并在不断地发展之中得到强化。在这个过程中，企业为之投入了大量的人力、物力。一旦核心竞争力丧失，就会给企业带来无法估量的损失。因此，企业必须通过持续、稳定的支持，维护和巩固企业的核心竞争力，确保企业核心竞争力的健康成长。

第一，实施企业战略管理。企业通过对自身所处行业的专注以及持续投入，精心培育企业的核心竞争力，并把它作为企业的一项根本战略任务。然而，培育核心竞争力并不可能一蹴而就，也不会是一日之功，它必须经过不断地提炼和升华才能形成，因此，管理者必须对企业实施战略管理。

第二，加强组织管理体系的建设。随着时间的推移以及市场环境的变化，企业的核心能力可能会逐渐演化为一般能力。为了防止这个现象的发生，应该安排专职管理队伍对核心竞争力的巩固进行全面负责，强化各部门之间的沟通，把各种分散的人力和技术资源组织起来，协同工作，形成整体优势。可以定期召开企业核心竞争力评价会，从而保持企业核心竞争力的均衡性。

第三，培育信息体系。作为一种十分重要的战略资源，信息的开发与利用已经成为企业是否具有核心竞争力的关键标志。企业更多、更早地获取有用的信息，并在组织内部准确、迅速地传递和处理，是巩固和维护企业核心竞争力的基本保障。

第四，知识技能的学习和积累。要想使企业的核心竞争力永远保持活力，企业员工的个人知识技能与整体素质必须保持在一个较高的水平上。应该通过各种渠道培训员工技能，使其积累企业的技术和管理经验，这是企业在市场竞争中能够凭借的优势之一。

3. 对企业核心竞争力进行创新

只对现有的核心竞争力进行巩固是远远不够的，要想使企业始终保持领先水平，必须对企业的核心竞争力进行不断创新。

首先，企业要得以持续发展，就要进行新产品的研发，提高企业的研发能力。这就要求企业不断增强研究与开发能力，满足消费者不断变化的需求。增强研发能力是企业核心竞争力提升、发展的动力。当然，企业再研发必须以核心竞争力为基础，在资源共享的基础上展开。

其次，在培育现有的核心竞争力的前提下，还要不断地为企业寻找新的生长点，并致力于把新的生长点培育成企业的核心竞争力。通过企业管理、技术、营销等各个途径，找出自己企业的产品领先的竞争优势所在，对构成上述优势的技术和技能进行分解、归纳。经过界定测试，方可确定为核心竞争力的生长点。企业也可以借用科研机构、高等院校科技优势建立研究与开发联姻关系，引进相关的技术人才，将该生长点培育成企业核心竞争力。

最后，塑造优秀的企业文化和价值观。企业的软件就是企业文化，只有在企业中形成良好的企业文化和核心价值观，才能够为核心竞争力的创新提供适宜的土壤。

一个企业能否得到不断发展，持续巩固和创新企业核心竞争力，员工的价值观以及企业的经营理念所起到的作用至关重要。因此，总经理要投入大量的时间和精力来为企业塑造优秀的企业文化。

培养企业的核心能力

企业的核心能力需要在长期不断的积累和学习中形成，并不是短时间内就可以具备的。人力资源战略管理在企业的核心能力形成过程中发挥着极大的作用。在实际的操作过程中，企业人力资源战略管理需要具有以下几个方面的作用。

1. 建立“学习型组织”

企业核心能力是系统整合的产物，也是在现代科学技术革命迅速发展变化的背景下，顺应了企业对全新学习能力的强烈要求。这种学习是全体员工在被激发了活力积极性下参与和创造的。学习永远是无止境的，企业也只有在不断的学习中不断超越和完善，保持长久的竞争优势，才能形成企业的核心能力。

《第五项修炼》的作者彼得·圣吉在书中详细地介绍了企业发展成为学习型组织的五项修炼法则：自我超越、改善心智模式、建立共同愿景、团队学习、系统思考。这五项系统的修炼，在企业发展成为学习型组织的过程中相互关照、彼此融通，是企业逐步建立的持续性的竞争优势。这种竞争优势是在不断的学习过程中逐步培育起来的，因此企业拥有的这种核心能力是其他企业无法复制和模仿的。

2. 通过人力资源战略管理对核心能力进行有效的管理

在企业培育核心能力的过程中其实也是对每一位员工的培训，它需要调动企业中的每个单位和部门，调配企业的一切资源，力求核心能力在开发、扩散、整合、使用和更新的过程中达到最好的效果。核心能力还需要企业高层管理人员的稳定性、管理政策的连贯性来支持和配合。不完善的人力资源战略管理会导致企业没有凝聚力、人员流动过于频繁、无法进行持续性学习的积累，这对核心能力的培育会造成重大创伤。由此我们可以知道，企业人力资源战略管理也是企业形成核心能力的关键。即使企业建立起了核心能力，也需要员工和业务经理具有稳定和连贯性的组织因素，如招聘措施、薪酬、升迁等，这些都需要人力资源战略管理来保证和维持核心能力发展方向的一致。

3. 营造以创新为特征的、宽松的企业氛围

可以说，拥有核心能力的企业都具有优秀的企业文化，因为核心能力是在企业文化的基础上不断积累而成的。优秀的企业文化都存在一个共同的特征，那就是：轻松而核心的工作环境。员工在这样的环境中工作，才会增加企业凝聚力，核心能力也才会逐步培育。企业管理者对轻松而核心的工作环境承担着重要的责任，企业管理者要给予员工极大的自由发挥空间、允许员工有自主决定完成工作的方式、管理人员给员工确立工作目标、具体的实现

方式由员工自主决定、有计划和针对性地对员工实行培训计划、保证具有和落实完善的薪酬福利制度。

这些都是调动员工活力和积极性的方式，让员工对企业具有归属感，这样员工的才能才能最大限度地发挥出来，从而逐步培育企业的核心能力。

4. 加强人力资本投资

在现代企业制度中，企业资源配置往往具有高效性，但是这种高效性的企业制度能否得到充分的发挥和利用，其关键是依靠新技术和技术的不断创新。因此，创新是培育企业核心能力的关键，而核心技术是核心能力的核心，核心技术是依靠人才才能逐步形成的。到这里我们不难发现，核心能力的形成归根结底是对人才的需求，企业有必要进行人力资源开发的统筹和规划，企业的人力资源部要根据企业的发展规划，制定出符合实际情况的、合理的人力资源总体规划，人才的供给一定要紧跟企业核心能力的培育发展步骤。根据企业产品生命周期的不同阶段需求不同人才的特点，要有针对性地进行人力资源的开发和制定合理的人才策略。同时，人才易流动的实际情况也是不容忽视的，掌握和避免具有关键技能人才的流失给企业造成重大损失。因此，企业要充分发挥人才的主动性，可以通过奖励、股票期权、退休金计划等制度方式来持久留住人才，充分发挥人力资本在培育核心能力方面的重要作用。

超导链接

中国企业所面临的人力资源问题及其解决方案

自改革开放以来，我国企业在不断面临问题和解决问题中取得了发展，同时企业管理理论和实践也得到了很大程度的改善。但是，在人力资源管理方面，企业仍然存在很多误区，存在着与企业战略脱节的现象，不利于企业竞争力的形成。下面我们就分析一下企业人力资源所面临的问题及其解决方案。

1. 中国企业人力资源面对的问题

在市场经济条件下，我国企业的发展具有一定的优势，如资金经营灵活、市场反应灵敏、适应多样化需求，但是也存在很多不足，如规模效益差、管理滞后等，特别是在人力资源管理方面存在非常多的问题，这些问题直接制约着企业的发展和壮大。其问题主要包括以下几个方面。

(1) 人力资源总体规划缺失

随着经济形势的不断变化，很多企业只是追求短期的经济效益，而忽视了对企业长期发展战略的设计，这就会造成人力资源总体规划的缺失。

(2) 培训和开发存在误区

在我国中小企业中普遍存在的一个问题就是人力资源整体质量不高。就员工学历来说，一些数据资料显示，全国大型企业每百名职工中大专以上学历的人员为10.46人，中小企业为2.96人，仅为前者的28%。虽然这无法成为做出判断的有力根据，但是从侧面反映出我国中小企业的人力资源现状。如果这些企业想要得到进一步的发展，其必须要采取措施提高人力资源整体质量。但是其发展现状决定了其不可能大规模引进高素质人才。那如何才能解决这一问题呢？关键的措施就是对现有员工进行培训和开发，提高人员素质。但是人才培训和开发上的误区也会影响人才的质量。

(3) 人员的流动过于频繁

在现有条件下，人员的流动已经成为一种非常普遍的现象。导致这种现象出现的因素除了价值观的转变之外，还包括目前人才短缺同经济发展需要大量人才的矛盾。所以，这种人员流动对经济发展是非有利的，但是其不排除对特定组织所产生的不利影响。

(4) 缺乏长期有效的薪酬与激励机制

企业能否有效地利用有限的人力资源促进企业的无限发展，关键在于是否能够提供足够的激励以及激励方式的选择。就我国企业来说，激励员工的方式主要包括以下几个方面：物质激励形式，如加薪、扣钱或者是年终奖金；提升职务、表扬或者是提成；有时候采取组织旅游的形式。但是这些手段过于单一，对于人力资本参与企业的剩余分配还是非常不重视的。但是，从货币的边际效用理论角度进行分析，当员工的货币收入达到一定数额后，货币

的边际效用将递减，金钱的激励根本无法达到预期的效果。从行为科学理论角度分析，企业的员工作为社会的一员，不仅追求物质利益，更在乎心理需求的满足，所以企业应当对员工进行物质激励与精神激励。

2. 改善企业人力资源管理现状的对策

在激烈的市场竞争和多变的市场环境中，企业要想获得新的发展，必须要努力解决人力资源管理中所遇到的问题。针对上述企业人力资源管理的现状和存在的问题，具体可以采取以下办法。

(1) 制定前瞻式的人力资源总体规划

①在观念上要足够重视人力资源总体规划，管理者应当充分认识到人力资源总体规划是整个企业战略的重要组成部分，对于企业的发展有着特别重要的意义。

②人力资源的总体规划一定要根据公司整体战略发展规划和中长期经营计划对企业外部的社会和法律环境对人力资源的影响进行分析，对市场变化的趋势不断进行研究，掌握科学技术发展的方向，确定各种程度的人力需求，然后再有的放矢地做出各方面的规划。

③人力资源总体规划必须适应企业经营管理的需要，而且所制定的总体规划必须与长期、中期和短期的人力资源规划相结合，做到常规性和应急性人力资源规划相结合，使得人力资源总体规划能够适应企业经营管理策略的调整和变化，避免企业发生战略转移而出现的人力资源失调影响到企业发展的情况。

(2) 建立培训系统，完善培训体制

在优化企业人力资源、全面提升企业竞争力和为企业发展提供强大动力方面，培训和开发显得尤为重要。对于培训和开发的投入，企业管理者应当认识到其不仅是一项成本，而且是一项可以给企业带来重大回报的投资。在企业战略发展的层面上，管理者应当建立培训系统，完善培训机制。有效的培训系统应包括以下五个方面的内容，即培训需求的确认、培训计划的制订、做好员工的培训动员工作、培训的实施和培训效果的评估。培训需求确认的标准应当是既能满足企业生产经营的实际需求，又能满足企业未来发展的需求；在制订培训计划的时候一定要考虑到不同工作部门、不同工作层次、不同工作职位，甚至每一个员工之间都存在的差异性，然后根据具体情况有针对性地设计培训计划；在培训实施之前，一定要做好动员工作，将员工参与的热情充分调动起来，使员工认识到培训对自身和企业都是有好处的；在培训实施的过程中，一定要重视管理，为了保证培训的效果，管理者应当根据员工的表现采取奖惩措施，并辅以相应的激励制度；培训结束之后，要对参加培训的员工进行考核，了解一下培训是否达到了预期目标，使员工真正有所成长，进而带动企业绩效的提高。在建设培训体系的同时，企业应当完善培训机制。制定培训机制可以使培训工作有章可循，实现程序化和规范化。除此之外，在培训方法的选择上还应当实现多样化，建立多层次、多渠道、多形式的员工培训网络，最终使公司人力资源的培训和开发实现由单一性、阶段性向组织性、系统性的全面转变。

(3) 对人员流动进行正确的管理

①关于人员流动这个问题，企业一定要正视，而且还要保持对人员流动调控的主动地位。企业应当采取一定的措施对人员流动进行正确的管理，使人员的流动率保持在一个合理的范围，只有这样，才能对企业产生有利的影响，而避免不利影响。之所以要对人员流动进行管理，其目的就是能留住核心人才，确保企业的持续稳定发展。

②企业应采取有针对性的管理措施，消除“人才逆差”现象。关于这一点，企业应当设计合理的薪酬体系，为员工提供一份有竞争力的薪酬，特别是对内在报酬尤为重视，在员工的责任感和个人成长等方面，企业不仅要进行物质激励，更重要的是保证员工可以从工作本身得到精神上的满足。另外，企业也应当结合人力资源培养规划，帮助员工设计良好的个人发展计划和职业发展阶梯，做到个人发展目标与企业发展目标的一致。这样可以有效地降低员工的流动率和流动倾向。与此同时，企业还要努力营造良好的用人环境，给员工较大的工作自主权，使其在工作中充分发挥自己的才能。

③尊重员工需求，企业要加强与员工的沟通，加深对员工的了解，满足他们的物质和精神需求，只有这样才能提高员工对企业的满意度，使其更好地服务于企业发展。

④企业在加强制度建设的同时，还要重视企业文化的建设。关于企业文化建设应当避免流于符号化和表象化，而应当着重加强企业文化的本质内涵

的建设，形成具有企业特色的文化支撑，让员工拥有共同的价值观念，使企业的凝聚力得到明显增强。

(4) 实施有效的激励措施

众所周知，企业应当对员工采取多样化的激励方式。其主要包括两方面，即物质激励和精神激励。即使在物质激励方面，激励手段也要进行一定的创新，不仅包括传统的提高工资、发奖金等方式，还要采用利润分享、员工持股、股票期权等多种方式，使员工获得更大的成就感和满足感；在精神激励上，企业应当把自身利益与员工利益充分结合起来，使其产生强烈的责任感和归属感，使工作变得对员工更具有吸引力。只有对员工进行更多的感情投入和人文关怀，企业才能得到更好的发展。

第三章

流程再造：精细机构优化组织的工作力

流程再造的核心是面向顾客满意度的业务流程，而核心思想是要打破企业按职能设置部门的管理方式，代之以业务流程为中心，重新设计企业管理过程，从整体上确认企业的作业流程，追求全局最优，而不是个别最优。

流程再造，以简为佳

应对顾客满意度的业务流程是流程再造的核心。核心思想是突破企业按职能设置部门的管理形式，以业务流程为中心，重新设计企业管理流程。

通过科学的流程再造，能够实现以下目标：

- 对经过改进仍没有办法解决的流程问题，从本源上给予彻底解决。
- 为了实现流程全局的最优化，要从大局出发确认企业的作业流程。
- 让业务流程在成本与质量以及服务、速度等指标上取得实际效果。流程人员应遵照一定的原则和程序，而且掌握有效的流程再造方法，以确保流程再造满足预期目标，取得最终的显著成功。

1. 流程再造的原则

进行流程再造可采用以下四种方式：一是根本性的重新思考；二是彻底推翻现有流程，重新建立新的流程；三是根据流程目标，对现有流程进行整体上的再设计；四是根据流程目标，对现有流程中的某些阶段巧妙地进行修补性改善。一般情况下，使用的是第三、第四种方式。

流程再造不可率性而为，否则难免遭遇流程再次运作不畅的问题。因此，企业在实施流程再造时要遵循一些基本原则，以确保再造后的流程满足预期要求。

- 整合工作流程时，要循序渐进。
- 由员工下决定，提倡全员参与流程的改善。
- 进行同步工程，保证流程之间的信息交流与反馈。
- 流程形式多样化，流程的重新设计不能拘泥于单一的内容。
- 跨部门协作，流程本身就强调跨部门作业，重新设计流程时，注意从多个部门的角度进行考量。

流程人员可以遵循上述原则，剔除传统的管理做法，在IT的支持下，对流程进行大幅度的改善。

2. 选择流程再造的模式

流程再造的经典模式有迈克尔·哈默的四阶段模式、乔·佩帕德和菲利普·罗兰的五阶段模式、威廉姆·凯丁格的六阶段模式等。现在介绍一下芮明杰和袁安照的七阶段模式，这是依据我国的流程管理现状进行研究得出的结果，其操作步骤如图3-1所示。

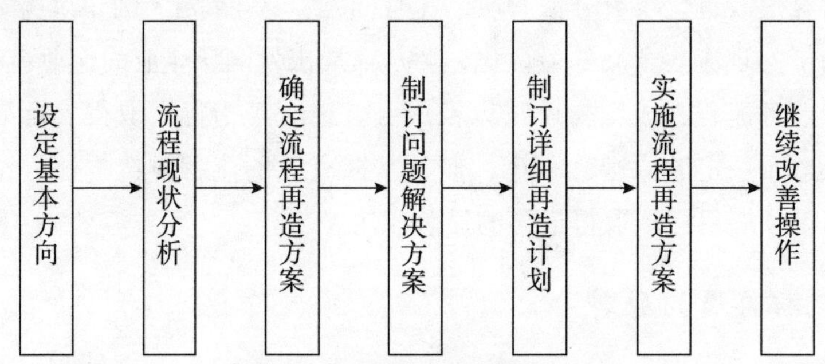

图3-1　七阶段模式的操作步骤

在每个阶段下，企业流程人员都要进一步细分操作，具体如下：

第一阶段——设定基本方向。这一阶段可划分为五个子步骤：第一，明确企业战略目标，并且将目标拆分；第二，创建再造流程的组织机构；第三，设计改造流程的出发点；第四，确定流程再造的基本指导方针；第五，制定流程再造的可行性分析。

第二阶段——流程现状分析。这一阶段可划分为五个子步骤：第一，分析企业外部环境；第二，调研客户满意度；第三，分析现在实施的流程状态；第四，设定改造的基本设想和目标；第五，明确改造成功的判别标准。

第三阶段——确定流程再造方案。这一阶段可分为六个子步骤：第一，设计新流程；第二，编制流程设计方案；第三，确立改造的基本途径；第四，设定先后工作顺序与重点；第五，宣传流程再造；第六，配备适合的流程再造人员。

第四阶段——制订问题解决方案。这一阶段可分为三个子步骤：第一，挑选出近期必须解决的问题；第二，制订解决此问题的方案；第三，成立一个新小组来负责推行。

第五阶段——制订详细再造计划。这一阶段可划分为五个子步骤：第一，确认工作计划目标与时间等；第二，编制预算计划；第三，分解责任与任务；第四，制定监督和考核办法；第五，制订具体的行动策略和计划。

第六阶段——实施流程再造方案。这一阶段可分为五个子步骤：第一，成立流程再造方案的实施小组；第二，对小组成员进行培训；第三，发动全员配合；第四，新流程试验性启动和检验；第五，全面开展新流程。

第七阶段——继续改善操作。这一阶段可分为三个子步骤：第一，观察流程运作状态；第二，和预定改造目标进行对比分析；第三，对缺点加以完善。

流程人员应该在上述操作阶段与基本步骤的基础上，根据本企业流程管理的实际状况以及外部条件，来制订可以实施的流程再造计划。

流程再造的有效方法

在实施流程再造的过程中，可以采用很多方法。这里以 IDEF（企业建模）分析为例，加以说明。

IDEF 分析是一种结构化系统设计工具。它将复杂的系统分解成相对独立的简单子系统，再分解成更简单的模块，依次向下分解，直到满足需要为止。

IDEF 包含 16 个部分，即 IDEF0（功能建模）、IDEF1（信息建模）、IDEF1X（数据建模）、IDEF2（仿真建模设计）、IDEF3（过程描述获取）、IDEF4（面向对象设计）、IDEF5（本体论描述获取）、IDEF6（设计原理获取）、IDEF7（信息系统审定）、IDEF8（用户界面建模）、IDEF9（场景驱动信息系统设计）、IDEF10（实施体系结构建模）、IDEF11（信息制品建模）、IDEF12（组织建模）、IDEF13（三模式映射设计）、IDEF14（网络规划）。其中，IDEF0、IDEF1、IDEF3 和 IDEF5 比较常用。

以 IDEF3 为例，它能够直接获得对系统、过程和组织的描述，同时包含了状态、事件的优先程度和因果关系，能够展现出一个特殊的系统和组织是如何进行工作的。IDEF3 有两种建模模式，即过程流描述和对象状态转移描述。

过程流描述——获取、管理和显示过程的主要工具。它通过过程流程图的形式，反映出了专家和分析员对事件与活动、参与者以及控制事件行为的约束关系等方面的认识。

对象状态转移描述——获取、管理和显示对象的基本工具。它通过 OSTN 图的形式，来表示一个对象在多种状态间的演进过程。

这两种模式都是 IDEF3 的基本组成形式，两者相辅相成，可交叉参考。使用 IDEF3 进行采购分析的流程如图 3－2 所示。

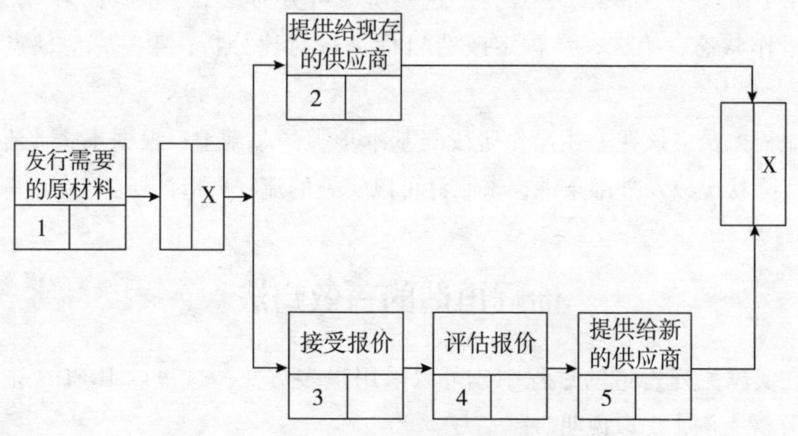

图 3－2　使用 IDEF3 进行采购分析的流程

IDEFO 是一种系统菜单表达的工具。它主要借助图形语言、结构化分析设计技术来模拟决策、行为、组织和系统运作，继而分析企业内部的各项功能流程。通过简化的图形，即可清楚地展现系统的运作方式以及实现各项功能所需的资源。IDEFO 的功能模型如图 3－3 所示。

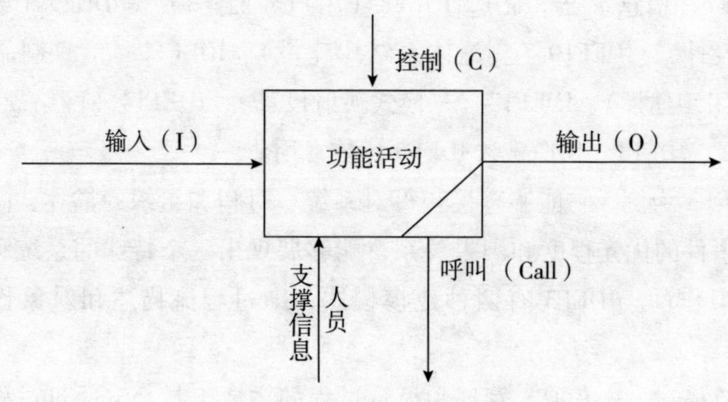

图 3－3　IDEFO 的功能模型

应用IDEFO进行系统功能模型设计时，通常在顶层部分说明其主要功能，然后进行逐层分解。每个模型在内部是完全统一的，下一层的子图描述必须与父图相对应。通常情况下，每一个模块都可以通过向下分解而产生3~5个子模块。

通过这样的系统分析，即可对流程现状有一个清晰的了解，再在此基础上制订流程再造方案，并实施、完善。

业务流程：人员配置的最佳导图

流程简单来说就是指我们做事的先后顺序。比如，当我们走入一家星级宾馆的大堂，迎面摆放着盛开的鲜花，美丽而夺目。出于好奇，我们想知道大堂摆放的鲜花是真花还是假花？此时目标就确定了——辨别花的真假。当做事或目标明确后，我们要走到鲜花前，然后用手摸一摸花叶，最后认定这些是鲜花，是真花而且还是兰花类的，这就叫做流程。同样，做一件事情，由于先后顺序不同，其结果也就不同。比如，我们在炒菜时，锅热后本应该先放油后放菜，而我们却先放菜等到菜炒熟了再放油，其结果不但菜炒煳了，还有一股生油味。因此流程是指做事的正确顺序。

业务流程的概念有广义和狭义之分。广义的业务流程是指为达到特定的价值目标而由不同的人分别共同完成的一系列活动。活动之间不仅有严格的先后顺序，而且活动的内容、方式、责任等也有明确的安排和界定，从而使不同活动在不同岗位角色之间进行转手交接成为可能。活动与活动之间在时间和空间上的转移可以有较大的跨度。而狭义的业务流程，则仅仅是与客户价值的满足相联系的一系列活动。

随着社会的不断进步，业务流程对于企业的意义也越来越重要，现在的业务流程不仅仅在于对企业关键业务的一种描述；更在于对企业的业务运营有着指导意义，这种意义体现在对资源的优化、对企业组织机构的优化以及对管理制度的一系列改变。

业务流程的特点主要体现在以下三个方面。

1. 业务流程具备层次性

业务流程是有层次性的。这种层次主要表现在由整体到部分与由上至下，由宏观到微观以及由抽象到具体的逻辑关系。

除此之外，为了有利于企业业务模型的建立，业务流程的层次性必须符合人们的思维习惯。所以，在设立业务流程时，应该先创建主要业务流程的总体运行过程（其中包含了整个企业的大的战略方针），接着对其中的各项活动进行细化，落实到每个部门的业务过程，创建相对独立的子业务流程并且为其服务的辅助业务流程。

业务流程之间的层次关系在某些方面上也体现了企业各部门之间的层次关系。普遍来讲，在企业中不同的部门对业务流程有着不尽相同的分级管理权限。比如，决策层和管理者以及使用者能够明确地查看到下属与下属部门的业务流程。

2. 人才是业务流程的核心

人是业务流程的驱动者。组织中的所有人都会在业务流程中扮演某一个角色。每一个人通过良好的业务流程，都会明确自己的职责，并且组织要求每一个人都具有良好的沟通协作意识与团队意识，明确自己在一个个业务流程中所担当的角色责任，而且对于参与其中的业务流程，所有人员都要有自己的业务反馈。

首先，所有人员都可以查看到这些业务流程，他们需要尽可能明确这些业务流程与流程的业务意义以及目的，这些业务流程通过配合他们理解能力的方法（切合业务的图形与说明文字，还有相应的制度与规范以及标准等）得以体现。

其次，面对流程运行中存在的问题和瓶颈，所有人员都要积极反馈（提出修改的建议或在权限范围内直接修改）以促进流程的连续改进，业务流程的管理与变动不但是业务分析人员与管理人员的职业责任，而且要求所有公司员工都要参与其中，否则只能接受惨败。管理人员与决策层最重要的职责是设定出业务流程的规则与约束，在这个规则与约束范围内，员工能够根据变化的商业环境对业务流程做出及时修改，这样就没有必要等到领导了解情况后再做出决策导致失去很多机会。

3. 产生效益是业务流程的目的

从企业投资者的角度来讲，优秀的业务流程设计一定是可以为企业带来

最高利润的设计。所以，对业务流程的效益分析是评估业务流程的一个重要方向。财务数据是最核心的数据，可是这种分析并不完全是由数据支撑的，有些是不能量化的，如人员效率等。

业务流程设计：让执行更高效

业务流程设计是指根据市场需求与企业要求调整企业流程，包括设计、分析和优化流程。设计阶段主要包括透视现有流程质量和根据当前市场需求调整现有业务流程两项任务。就这两项任务来说，必须要有一套统一的方法和描述语言。在设计阶段所要解决的问题包括：何人完成何种具体工作，以何种顺序完成工作，可以获得何种服务支持，以及在流程中采用何种软件系统……在分析过程中，我们可以通过分析了解流程在组织、结构及技术方面存在的缺点，以便更好地进行改进。设计阶段的目的是根据分析结果并结合企业目标制定目标流程，在IT系统中实施有助于今后为企业创造价值的目标流程。

企业业务流程设计以系统思考逻辑为基础，采用系统一体化方法。美国学者彼得·圣吉在其名著《第五项修炼》一书中所谈到的“第五项修炼”就是指“系统思考”。要想提高企业整体的运作质量，其必须学会整体运作的思考方式。系统分析是为完成组织预定目标对组织所做的总体整合的分析。系统一体化方法的对象是整个流程，强调的是企业为完成预定目标所做的整体的成功，而它们提高整体成功的程度直接决定了局部的价值。换言之，企业运作一体化所关注的是整体最优，而不是局部最优。

业务流程设计涉及很多方面，如信息、需求、预测、计划、采购、生产、仓储、运输和交付……业务流程设计的目的是尽可能以最低的成本实现最快速的业务支持活动。

1. 业务流程的设计意义

企业之所以要采用专业化的业务流程设计方案不仅是为了更长远的考虑，而且也是为了应对沉重的压力。随着外部条件的不断变化，企业的业务流程也需要不断改变，以提高企业的核心竞争力。从企业内部角度来说，这种压力主要来自提高经济效益和创新，以及保持高质量标准方面，同时也要求企业正确面对业务流程，因为业务流程直接关系着利润的创造、收入的增加和成本的降低。只有建立快速灵活应对业务流程、客户和市场需求的企业结构，企业才能提高同时满足内部和外部需求的能力。

所以，为了能给业务流程提供较为全面的支持，他们需要优于单纯记录流程的文本或模板，或真正图形模式的软件工具。如果流程中没有时间、成本和效率等因素，是不可能精确地核实流程成本、动态变化的等候时间，以及各类“现状问题”的。理想的流程设计方案要能够全面描述流程，不仅能展现流程并对流程进行结构化的管理，还能够解决一系列组织和技术方面的相关问题。

2. 业务流程的设计原则

（1）企业流程设计的前提为遵循环境要求原则

企业在运营的过程中必然会受到环境的制约。这种环境制约因素主要为政府的法律法规。在企业流程设计之前一定要考虑到政府的相关法律法规，如健康、安全和环境保护等因素。

（2）企业流程设计的核心原则是“以顾客满意为中心”

企业流程是企业为实现既定目标而开展的系列活动，要以提高产品和服务满足顾客需要的能力为中心。例如，2000 版 ISO 9000 族标准规定的八项质量管理原则中第一条原则就是“以顾客为中心”。

与此同时，由以顾客满意为中心原则可以推导出：

- 基于顾客满意的流程质量评估标准。
- 基于顾客满意的评价指标是流程质量的评估标准。

企业所制定的效率目标是以顾客的满意指标为依据的。因为顾客满意指标会对组织投入资源的种类和数量产生影响，所以其对流程设计也必然产生作用。顾客满意对流程的能力和效率起着决定作用。

顾客的要求包括以下方面：在合适的时间和地点，以较低的价格获得高质量的产品和服务。所以，可以归纳评价顾客满意的四个指标为产品质量（Q）、服务质量（S）、产品价格（C）、响应时间（T）。顾客满意的四个指标是企业业务流程质量的评估标准，其对流程质量所提出的要求是在保证产品

质量和服务质量的前提下，使流程成本得到降低，而流程速度得到提高。

①产品质量。在2000版ISO 9000族标准术语中，流程被定义为：使用资源将输入转化为输出的活动系统。而产品则被定义为：过程的结果。质量则是“产品、体系或过程的一组固有特性满足顾客和其他相关方要求的能力”。对于一个企业来说，产品质量体现了企业的一种能力，说明企业可以在顾客所规定的时间、地点为其提供满意的商品。企业产品的质量离不开企业管理质量，而企业管理质量离不开企业流程质量。所以，企业流程质量对企业产品质量也起着直接作用。

②服务质量。服务质量包括产品售前、售中和售后的服务质量。在维持企业与客户关系中，服务起着至关重要的作用，所以服务质量对于企业的发展不可或缺。

③产品价格。价格最直接的作用表现为：低价格的产品可以满足顾客的期望。这里的低价并不是企业之间恶性竞争的结果，而是企业低成本的结果。产品的低成本无论是对于企业，还是对于顾客来说，能够实现三赢：产品成本低则产品价格低，不仅有利于提高顾客的购买力，提高企业的竞争优势，还有利于提高社会资源的利用率。提高流程质量的关键是关注非增值流程最小化，降低流程成本，其所产生的直接结果是：企业的管理成本、设计成本、生产成本、产品质量成本都比较低，最终带来产品的价格较低。

④响应时间。在评价企业经营管理效率方面，时间是重要的参数。在顾客对企业服务活动的质量期望中起着决定作用的因素是时间。如果等待和交付产品的时间比较长，则会影响顾客对企业的信任度。对顾客需求的快速反应和在产品开发、生产、交付及行政管理等流程中的快速反应都是由时间的管理与控制决定的，其可以通过对流程进行限时和竭力缩短时间来提高企业流程的响应时间。

响应时间直接关系着企业能否在顾客所需要的时间内提供商品。响应时间是由新产品开发时间和产品交货时间决定的。新产品开发时间是指一种新产品或服务从策划、设计、产出，到投入市场所需要的时间。产品交货时间是指从接受订单到送交顾客手中的时间。新产品开发时间和产品交货时间越短，说明企业业务响应速度越快。提高流程速度不仅能在短时间内满足顾客的需求，而且还能降低各方面的成本。

（3）企业业务流程的资源约束准则

企业的主要资源是组织资源与技术资源。组织资源包括人，如决策者、员工等。顾客渠道包括供应商、销售商，知识、制度与文化……技术资源包括信息技术与设计技术，还有生产技术以及仪器设备……在企业设计业务流程的过程中肯定会受到企业资源的束缚。企业应全面分析自身的资源约束，创建符合实际条件的企业业务流程。

此外，企业也需要具体清晰的核心竞争力，然后根据核心竞争力来制定企业的核心业务工作内容。

组织机构设计：让组织更精简

把人力、物力与智力等按一定的形式与结构，为实现共同的目标与任务以及利益有秩序、有成效地组合起来，然后开展活动的企业单位就是企业组织机构。所以，企业组织机构不仅需要严谨，而且不能规定得过死，需要具有一定的弹性，可以适应新情况的变化，尤其是能够适应企业战略规划的变化。战略决定组织构架，怎样的组织构架就配合怎样的实施战略；除此之外，组织构架又支持战略的发展，是推行战略的一项重要工具。一个好的企业战略要通过和企业相对应的组织构架去完成才可以起到作用。

1. 如何设计组织机构

组织机构设计主要包含以下五方面内容：

第一，部门职能设计：将活动功能划分与整合，形成活动子集——不同的活动子集组成不同部门；将部门子集活动进行分解，然后形成岗位系列；测试每个岗位的活动总量，设立编制；明确部门和岗位职能。

第二，权力体系设计：包括职权与集权以及分权设计。职权的设计要和职能相匹配。

第三，职责设计：职责设计要和职能以及职权相匹配。

第四，管理幅度与管理层次设计。

第五，信息传递形式，运行机制（活动流程）设计。

除了以上方面，因为组织设计包含了许多工作内容，所以，人力资源经理

要想取得良好的效果，只能依据组织设计的内在规律有步骤地进行组织设计。

企业组织设计程序如图 3－4 所示。

确定基本方针和原则 ⇨	在进行组织设计时，首先要设置企业的任务、目标，确定基本思路，规定设计的方针、原则和主要参数
进行职能分析和职能设计 ⇨	这一阶段的工作主要是确定各项经营职能和管理职能、明确关键职能、确定具体的管理业务和工作、进行初步的管理流程设计、提高管理工作的效率
设计组织结构的框架 ⇨	这一阶段的工作主要是明确承担管理职能的管理层次、部门、岗位及其权责，设计组织结构的框架。框架设计有两种方法：一是自下而上法，即先确定具体岗位和职务，再组合成相应的管理部门，最后划分出管理层次；二是自上而下法，即首先确定管理层次，再进一步确定部门，最后将工作分解成管理岗位和职务
设计联系方式 ⇨	这一阶段的工作主要是确定上下管理层次之间，左右管理部门之间的协调方式和控制手段，使各个组成部门联结成一个整体，协调一致地实现整体功能
设计管理规范 ⇨	这一阶段的工作主要是确定工作程序、工作标准和管理人员应采用的管理方法，使组织结构合法化和规范化，巩固和稳定组织结构
人员配备和训练管理 ⇨	这一阶段的工作主要是按规定的要求，从数量和质量两个方面来配备人员，并根据工作的要求，强化培训，以提高工作效率
设计制度 ⇨	这一阶段的工作主要是建立良好的运行制度体系来保证组织的正常运转
反馈和修正 ⇨	在组织结构的运行过程中，新的情况会不断出现。这就要求定期或不定期地对原有组织设计做出修正，使之不断的完善

图 3－4　企业组织设计程序

2. 常见组织机构设置模式

（1）职能型机构企业的组织结构设置模式（如图 3－5 所示）

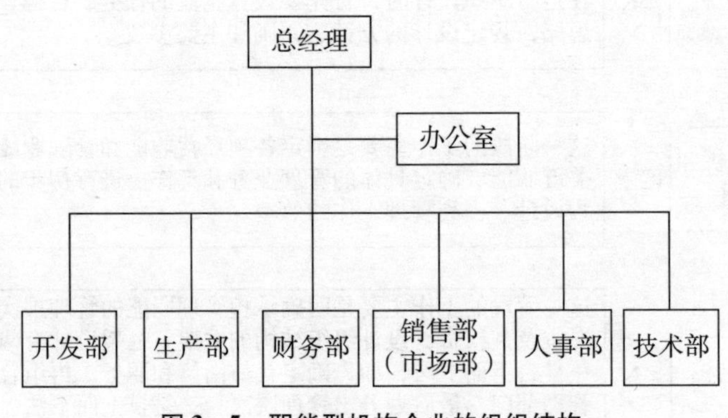

图 3－5　职能型机构企业的组织结构

（2）实行垂直功能型管理的企业组织结构设置模式（如图 3－6 所示）

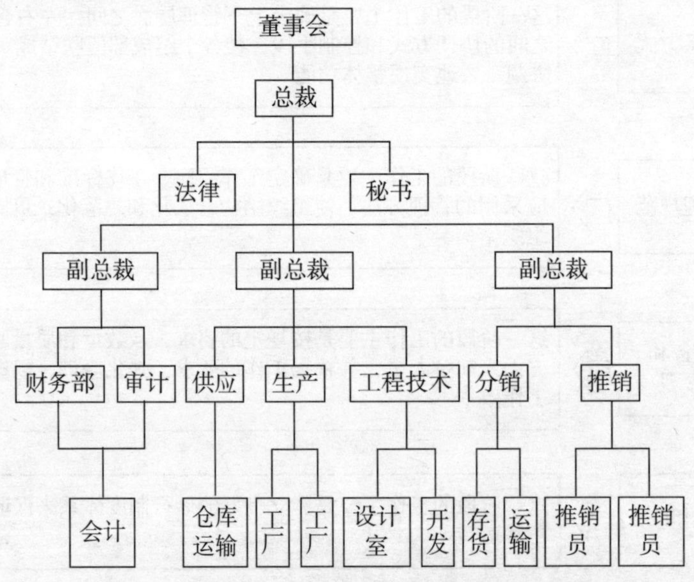

图 3－6　实行垂直功能型管理的企业组织结构

（3）职能分部的企业组织结构设置模式（如图 3－7 所示）

（4）产品分部的企业组织结构设置模式（如图 3－8 所示）

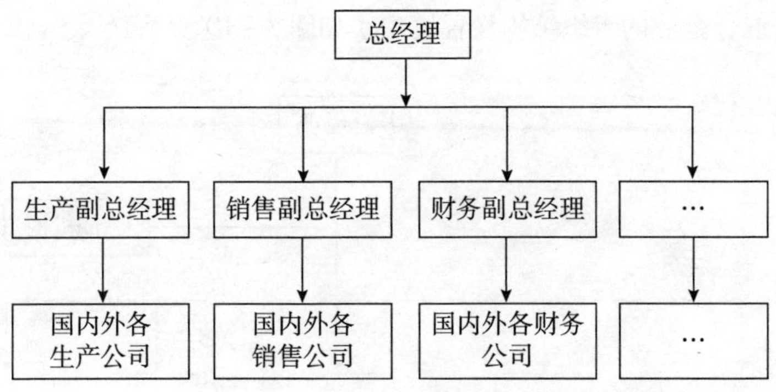

图 3－7　职能分部的企业组织结构

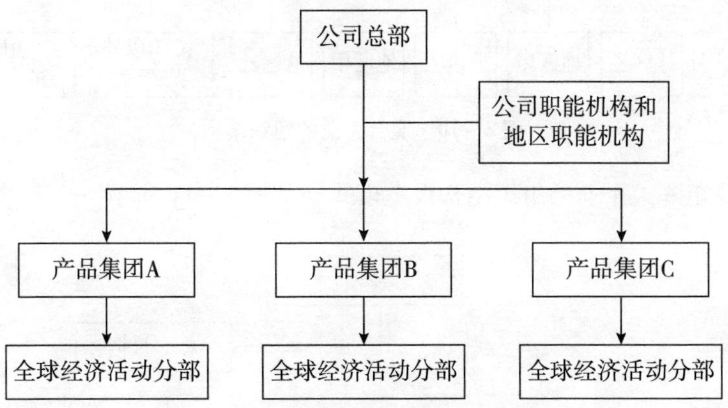

图 3－8　产品分部的企业组织结构

（5）地区分部企业的组织结构设置模式（如图 3－9 所示）

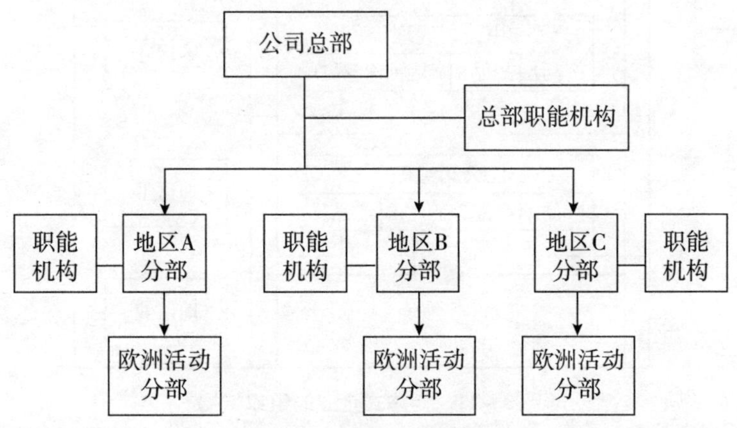

图 3－9　地区分部企业的组织结构

(6) 混合企业的组织结构设置模式（如图 3－10 所示）

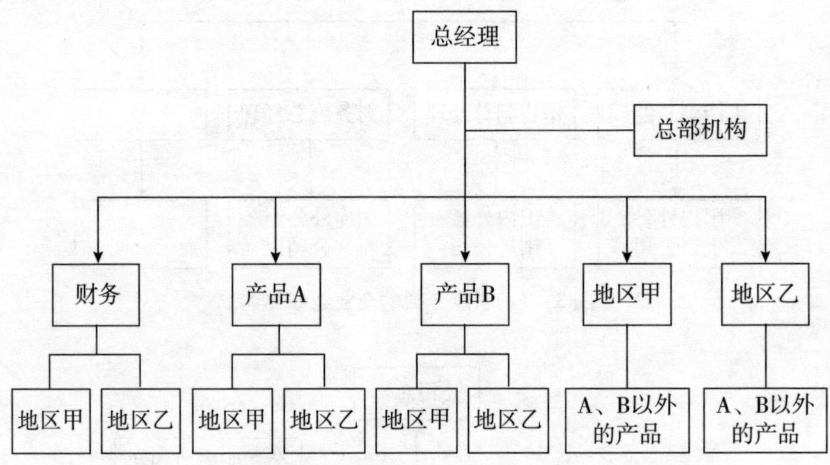

图 3－10 混合企业的组织结构

(7) 矩阵式企业的组织结构设置模式（如图 3－11 所示）

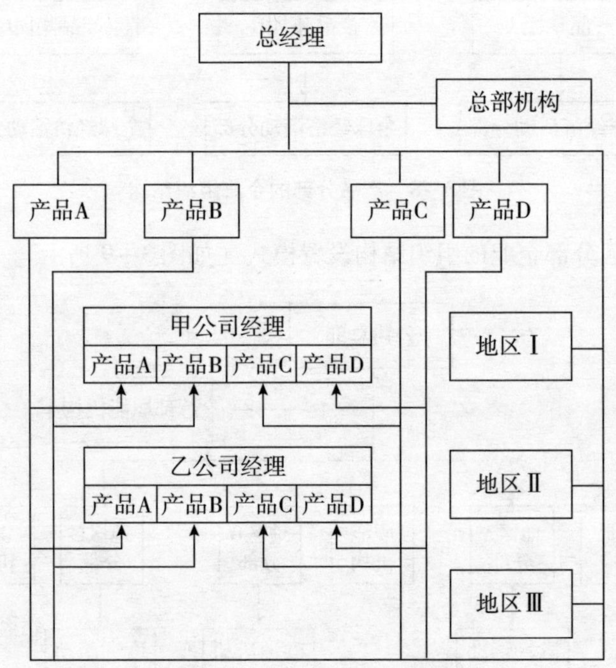

图 3－11 矩阵式企业的组织结构

岗位设计：让职责更明确

无论是对于怎样的企业或者在市场上进行怎样的竞争，其资源都是有限的，因此，企业要将人、地、钱的成本考虑进去。管理者的目的是要让有效和有限的资源创造出最大的价值，用最小的投入获得最大的收益。因此，对于企业来说，确定发展战略、组织结构调整的方式和“三定”（即定岗位、定编制、定人员）工作，都是具有很大意义的。

“三定”工作首先要进行的就是定岗位，企业管理者要结合组织战略的根本要求，在调整组织结构和确定部门的职能之后，重新对岗位进行设计，以保证所确定的岗位能更好地完成组织所赋予的任务。

组织的发展必须紧跟时代的步伐，在不断变化的内外部环境中，要时刻根据当前环境和自身所处的状况，定期对一系列工作进行必要的审查，对于审查的结果考虑或改进当前的岗位设计，确保顺利完成组织赋予的相关任务。比如，由于现代社会员工的职场压力很大，部分员工就会出现各种职场上的心理障碍，“心理咨询师”这个职位由此应运而生；在银行中，存取款柜台服务将要被银行柜员机取代时，那么银行是否要将柜台服务员不仅仅定位于从事存取款业务，而是重新定位为“理财员”或者“理财师”等；集团企业为了获得更多的市场、更大的成功，是否需要定位战略规划师的岗位；一家以知识型企业为主体的组织，是否需要将“企业知识官”职位放在总裁级的位置。

所以，无论是定岗还是岗位设计（也可称为工作设计）都必须要考虑以下几项内容：

- 岗位设计要充分考虑组织战略发展的需要。
- 岗位设计要考虑采用何种方法来提高各项工作的有效性（即效果与效率）。
- 岗位设计要考虑怎样才能满足员工与工作有关的需求。

这些需要考虑的内容，首先，是为了顺应组织战略发展的需要，因为组织一旦需要就要进行设计，而当组织不需要时还需要考虑撤掉或者重新规划一些岗位；其次，将工作的有效性考虑其中（例如，医院的医生平均每天会诊30位病人，可是有20位病人是属于诊疗误差，由此可知，效率高并不能代表效果好，对于企业来说岗位设计的目的就是能够做到高效率和产生良好的效果，这可能需要根据现在岗位的情况进行重新设计）；最后，为了满足员工们的需要，当然，这与员工们的兴趣爱好和技能有关系。

进行岗位设计时，在符合公司发展要求的情况下，要在原有的岗位基础上进行设计，不能对原来岗位的设置全盘否定。要知道，企业进行岗位的重新设计也是为了让企业能够更加顺利和迅速的发展。另外，不能忽视除人力资源部以外公司其他相关人员的力量，单独依靠一个部门的力量毕竟是有限的，这需要其他相关部门人员的配合，集体互帮互助、团结一致，推动落实（如表3－1所示）。

表3－1　　岗位设计的主要步骤与说明事项

岗位设计步骤	解释说明
成立项目小组	老总亲自挂帅，人力资源部领导任执行组长，以各部门经理人作为组员，目的是推动此项工作的顺利进行，最终了解现在岗位所产生的各种因素和新的需求现状之间存在的差距
经理人培训沟通	聘请内部或者外部专家，充分讲解项目工作的背景、意义和重要性
考虑企业战略	组织结构要支持战略规划，资源（尤其是人力资源）要支撑结构组织，一旦工作不能够落实到执行层面，战略规划就等于一句空话
部门职能定位	各部门为了完成企业此目标，需要建立怎样的职能定位，将对企业未来的影响充分考虑进去，有利于下属岗位设置工作
选择岗位设计方法	组织分析法、关键事件法、流程优化法、标杆对照法
设计新的方案	进行部门职责设计和设置新的岗位方案，也便于给将来的具体人力资源操作带来充分的依据（薪酬福利设计、选用评育留等）

俗话说“打蛇要打七寸”，工作的重点是善于抓住关键。公司老总和管理层的支持是开展岗位设计的重要条件，当然这需要人力资源部门和公司老总事先进行充分而有效的沟通。在成立项目小组时，邀请各部门的领导人参与其中（各个部门的负责人都需要大力配合此项工作的开展），其益处在于：身后有很多支持的力量，这样工作起来会顺利很多，可以减少很多不必要的麻烦或困扰。

在进行岗位设计时，难免会出现有些岗位需要增设，有些岗位需要裁减，这就是组织上进行的一场变革，在项目开展的过程中，需要与可能会产生影响的人进行充分沟通，以免产生不必要的麻烦。管理者在每个环节中也要对以下问题进行严密的审视和思考，确保工作的顺利进行和准确：

- 为什么要变革？
- 变革对我来说意味着什么？
- 变革会给组织带来哪些好处？
- 我需要为实现这些变革准备什么？

这种自我式的提问有利于时刻提醒自己，从公司战略考虑，掌握公司岗位设计的根本目的，也有利于大家在深入的沟通中了解变革的真正意义，齐心协力，共同促进变革的成功。为避免在岗位设计的过程中出现偏差，以下几点基本原则需要时刻牢记，以帮助变革的顺利实现。

1. 因事设岗原则

首先从“厘清该做的事”开始，“以事定岗、以岗定人”。岗位的设置不仅要以企业事实为依据，还要远观企业的未来发展。根据企业各部门的职责范围划分岗位，不要因人设岗（在极端情况下，也可以因人设岗），岗位和人员应该是设置和配置的关系，不能颠倒。

2. 整分合原则

企业在进行整理规划时要明确岗位分工，在此基础上进行有效综合，各个岗位各司其职并且相互协作，充分发挥企业效能。

3. 最少岗位原则

当员工重复一项工作时就会显得枯燥而效率低下，积极性下降。在任务量不多的情况下，可以实现一个员工统拢文员和档案管理的工作，将工作内容丰富化，有些企业对工作进行“三二一”策略，也就是三份工作、二份薪水、一个岗位，这不仅能节省企业资源，还可以最大限度地降低人力成本。

4. 规范化原则

岗位名称应当具有美感，职责范围规范，给创新留有余地。

5. 客户导向原则

不仅要满足内部客户的要求，更要满足外部各户的要求。

6. 一般性原则

在大部分情况下，该岗位会有多少工作量，具有多大工作强度等，岗位设计应当按照正常的情况考虑，尽量不要去谈论特殊情况。

人力资源部岗位分析

岗位分析是对企业各类岗位的性质、任务、职责、劳动条件和环境，以及员工承担本岗位任务应具备的资格条件所进行的系统分析与研究，并由此制订岗位规范、工作说明书等人力资源管理文件的过程。

1. 岗位职责分析

岗位职责就是指一个岗位所要求的需要去完成的工作内容以及应当承担

的责任范围。岗位并不是随意确立的，它是组织为完成某项任务而确立的，主要包括工种、职务、职称和等级内容。从一定程度上来说，职责是职务与责任的统一，具体包括两方面的内容：授权范围和相应的责任。

确定岗位和职责的依据有很多，如工作岗位名称及其数量是根据工作任务的需要确立的；岗位职务范围是根据岗位工种确定的；岗位使用的设备、工具、工作质量和效率是根据工种性质确定的；明确岗位环境和确定岗位任职资格；根据现实的需要来确定各个岗位之间的相互关系……

制定岗位职责时需遵循一定的原则：

首先，在制定岗位职责的时候一定要让员工清楚了解自己的工作性质。员工产生的工作压力并不是他人造成的，而是需要让他们从内心产生对工作的渴望和愿望，这样在他们工作的时候就会有很大的动力，从而更好地实现目标。所以，岗位的目标设定、准备实施、实施后的评定工作都必须由此岗位员工承担，让岗位员工充分意识到这个岗位中所发生的任何问题，并由自己亲自解决，自己的上司仅仅只是起辅助作用，这个岗位是个人展现能力和人生价值的舞台。在本职岗位中，员工应该培养、发挥自我解决、自我判断、独立解决问题的能力，这样才能实现工作绩效的最大化。所以，各岗位工作人员除了主动承担自己必须执行的本职工作外，还应该主动参与其他活动。

其次，在制定岗位职责的时候，一定要对岗位的工作内容考虑周全，才能发挥员工的其他作用。丰富的岗位职责的内容，不仅可以使一个具有“多面性”的员工发挥自己的才能，还能实现工作绩效的最大化，促进企业的不断发展。

最后，在企业人力资源许可的情况下，应该确保员工实现自己岗位职责范围内的任务，这样才能保证目标的顺利实现。另外，还应该进行工作岗位转换，这样不仅可以丰富企业员工整体的知识领域和操作技能，还能营造企业各岗位员工之间和谐融洽的企业文化氛围，使员工在更好的环境中工作。

2. 人力资源部各岗位培训需求分析表（如表3－2所示）

表3－2　　人力资源部各岗位需求分析表

<table>
<tr><th>人力资源部</th><th>专业知识与技能类</th><th>管理技能类</th><th>通用技能类</th></tr>
<tr><td>部门负责人</td><td>1. 人力资源法律法规知识
2. 成本管理知识
3. 劳资关系管理与纠纷处理方法
4. 职业生涯规划管理方法
5. 离职面谈技巧
6. 会议组织与活动管理
7. 行政经费管理与控制
8. 企业危机公关
9. 行政管理职业素质技能训练</td><td>1. 卓越领导力
2. 企业文化建设与可持续发展
3. 如何辅导、劝导和训练下属员工
4. 团队建设与管理
5. 计划与执行管理艺术
6. 有效授权管理</td><td rowspan="5">1. 企业文化
2. 专业形象与商务礼仪
3. 压力与情绪管理
4. 沟通技巧
5. 人际关系
6. 时间管理
7. 态度决定一切
8. 项目管理
9. 创新思维顶级训练</td></tr>
<tr><td>招聘</td><td>1. 有效招聘
2. 面试技巧
3. 岗位分析
4. 招聘渠道选择
5. 人力资源需求预测、管理方法
6. 人力资源管理师资格认证</td><td rowspan="4"></td></tr>
<tr><td>培训</td><td>1. 人力资源培训与发展管理方法
2. 培训评估方法
3. 培训成本控制管理
4. 培训课程开发与设计
5. 人力资源管理师资格认证</td></tr>
<tr><td>绩效</td><td>1. 绩效管理
2. 目标管理
3. 员工行为评估方法
4. 绩效评估方法
5. 人力资源管理师资格认证</td></tr>
<tr><td>薪酬</td><td>1. 人力资源法律法规知识
2. 薪酬体系架设
3. 福利与激励
4. 社保手续办理培训
5. 人力资源管理师资格认证</td></tr>
</table>

续 表

人力资源部	专业知识与技能类	管理技能类	通用技能类
人事	1. 人力资源实际操作知识 2. 员工关系管理 3. 合同、档案管理 4. 入职、离职手续办理 5. 助理人力资源管理师资格认证		1. 企业文化 2. 专业形象与商务礼仪 3. 压力与情绪管理 4. 沟通技巧 5. 人际关系 6. 时间管理 7. 态度决定一切
文员	1. 职业秘书训练与资格认证 2. 接待与电话沟通技巧 3. 行政管理职业素质技能训练 4. 英语口语及写作训练		
前台	1. 接待与电话沟通技巧 2. 接待礼仪 3. 英语口语		

3. 不同岗位任职要素的测评工具（如表 3－3 所示）

表 3－3　不同岗位任职要素的测评工具

岗　位	考察要素	考评核心工具
生产系列	个性特征 组织协调能力 综合分析能力 兴趣取向 行为风格 工作履历	管理个性测验或 DISC 测验 兴趣偏好测验 价值观评定 面试（结构化或非结构化）
营销系列	人际敏感性 沟通能力 修改特征 动机需求模式 言语表达 工作履历	管理个性测验或 DISC 测验 敏感性与沟通测验 需求测试 生活特性问卷 无领导小组讨论 面试（结构化与非结构化）
财务系列	个性特征 思维分析能力和综合决策能力 工作履历	管理个性测验或 DISC 测验 数量分析能力测验 面试

续 表

岗 位	考察要素	考评核心工具
行政人事系列	个性特征 人际技巧 事务处理能力 工作履历	管理个性测验或 DISC 测验 无领导小组讨论 领导行为评定 面试
技术系列	创造性 思维推理能力 修改特征 工作履历	管理个性测验或 DISC 测验 逻辑推理测验 抽象推理测验 面试（结构化或非结构化）

第四章

人员招聘革新：找到最合适的组织机构成员

对于企业来说，招聘人才就相当于伯乐相马。要想找到真正的千里马，切忌按图索骥。企业要根据实际情况，以企业目标为导向，制订科学的、有效的、切实可行的招聘方案并切实落实下去，只有这样才能真正做到伯乐相马，找到优秀的千里马，为企业做出贡献。

告诉自己，需要什么样的人

企业要能够分清楚主要和次要，分辨清楚主流和支流，大胆地运用人才中的突出者，做到将合适的人才放在合适的岗位。

在中国，很多企业都存在这样的问题：在高层管理位置上，企业倾向于自己内部人才的培养，在他们看来，公司“老人”总比“新人”靠谱，其实这种观点是非常片面的。如果从军事战略方面来说，可以用“子弟兵”和“空降兵”来比喻，二者哪个更好呢？

当然，“子弟兵”和“空降兵”各有优势，如“子弟兵”的优势是他们长期为企业服务，能够认同企业文化和价值观，熟悉并认同企业未来发展战略，对于公司的长期规划了如指掌，且会尽力将其传承下去，同时通过自己的努力制定完善的企业制度，对于保持企业的稳定发挥着很大的作用。“子弟兵”虽然有上述优点，但也有自身的缺点：他们是公司创业初期进入公司的，那时公司没有实力雇用专业的技术人员和管理人员，只能与亲人、同乡、同学一起创业，当然，他们的学历往往不高，所拥有的经验并不能掩盖他们各方面的缺点。当今社会竞争日益激烈，不管是他们的知识结构、管理能力，还是业务能力，与现实的情况都存在着很大的差别。另外，由于长时间在狭小的环境中工作，使其狭隘的思维和观念已经形成，并且不容易改变，最终导致能力不断退化，不利于公司的发展。

与之相反，“空降兵”的优势主要体现在他们可能有很多行业的从业经历，能够为企业带来新鲜的视野和观念，为企业新业务的拓展提供建议。其次是“空降兵”具有改革和创新的魄力，当企业陷入低潮期或者逆境的时候，“子弟兵”可能会被现有的企业制度和战略所约束，而“空降兵”则不容易被这些陈规所束缚，相反，有着很大的魄力和勇气。相比之下，“子弟兵”的优点就是“空降兵”的缺点，如果他们没有弄清楚企业文化，则必然导致公司发展的困难。在对企业的忠诚度和责任感方面，相对于“子弟兵”来说，“空降兵”稍微差一点。

对于很多企业来说，如何处理好“子弟兵”和“空降兵”的关系，需要公司管理者的共同努力。当然，空降兵有学识、才能，但无法保证其对公司的归属感，此刻需要老板使用特别的智慧，使得子弟兵和空降兵的优势都能发挥出来。对于子弟兵，要怀着感恩的心继续使用他们、善待他们，给他们应有的待遇，但是也必须让他们不断地学习，开阔眼界，跟上时代的步伐。当然空降兵是企业的生力军，企业需要他们的学识和能力。虽然在很多方面与企业传统的管理方式和思维方式有很大的差别，但能够弥补企业发展的不足。在他们的努力下，企业会进入一个新的发展阶段。

如果子弟兵和空降兵发生了矛盾，管理者应当学会制度的创新、文化的协调，让双方彼此学习对方的优势。对于他们，公司应采取一视同仁的态度，千万不能有明显的差别，否则对企业发展没有任何好处，不仅不能吸引空降兵，也会降低子弟兵的工作积极性。

要想实现企业利益的最大化，“子弟兵”和“空降兵”应相互协同。如果企业中只有子弟兵，必然会导致落后生产方式下的落后观念，在经济和科学技术飞速发展的今天，是无法有很好的发展的。当然，空降兵的新鲜方式和观念在短时间内是无法让子弟兵接受的，二者也容易产生矛盾。在很多情况下，二者的矛盾可能非常激烈。此时，空降兵不会占优势：他们是外来户，根底浅；他们和老板毫无牵连，没有“后台”；他们身单力孤，没有“势力”，他们的资源都在老板手上，对自身团队的影响也甚微。所以，企业应该给予空降兵更多的支持和帮助。如果他们得不到重视，则不会对公司存有感念，而是想离开。如果这种情况真的发生，企业中只有子弟兵，对企业发展是非常不利的。因此，必须坚持“同舟共济”，应携起手来，齐心协力，共图大业。在这个问题上，子弟兵更应该姿态高一些，出以公心，以大局为重，切莫做《水浒传》中心胸狭隘的白衣秀士王伦，也不要学习处心积虑谋害大卫的扫罗王。企业中的空降兵虽然比子弟兵有学识、有能力，但不能高调做人，而应当高调做事，低调做人，不断努力，进而实现工作中的突破，为子弟兵做出榜样。当取得成果之后，不能把所有的功劳都归在自己身上，而是分一部给予自己并肩战斗的子弟兵，只有这样，二者才能做到优势互补，促使企业获得最大程度的发展。

总的来说，在企业发展过程中，管理者应该在薄弱环节中使用空降兵，其他的优势领域或者是中基层管理人员多用子弟兵。当然，这种情况还是存在争议的。跨国公司的 CEO 有相当一部分也是以内部培养为主，但是当公司

陷入存亡危机之秋的时候，却常常需要空降CEO来拯救公司于危机之中。其实空降兵总经理也是有风险的，由于他们对中国市场没有很好的把握，最终无法承担后果。所以中国著名的企业家尹明善说："在接班问题上，我不把权力交给职业经理人是慢死，而把权力交给职业经理人是快死，在快死与慢死之间，我选择慢死。"可见，急于把企业交给职业经理人也是有问题的。

在组建团队的时候一定要避免使用同一性格的人，而应尽力使用各种性格的人，做到成员性格的优势互补。

1. 善用雄悍之人

雄悍的人有勇气，但是脾气暴躁。在他们看来，市场是用拳头打出来的。他们为人讲义气，当朋友遇到困难的时候敢于为朋友两肋插刀，属性情中人。他们的优点是为人单纯，没有多少回肠弯曲的心机，敢说敢做敢当，有临危不惧的勇气，对自己衷心折服的人言听计从，忠心耿耿，赤胆忠诚，绝不出卖朋友。但他们身上也有很多缺点，如对人不对事，服人不服法，完全按照自己的内心行事。如果别人曾经帮助过自己，他们就会永记恩情，当别人遇到问题的时候，他们不会弄清缘由，而是盲目帮助，容易惹麻烦。

2. 善用强毅之人

这种人的特点是：性情硬朗，意志坚定，刚决果断，勇猛顽强，敢于冒险，善于在困难中顽强拼搏，在面对困难和阻力的时候，能够充分发挥自己的力量和智慧，最终解决问题。缺点是：易于冒进，对自己的能力感到骄傲，有着很强的权力欲望，凡事喜欢去争、去抢。但他们也有独当一面的才能，能灵活机动地完成使命，是难得的将才。但要注意把握他们的思想和情绪变化，这可能是他们有所变化的信号。

3. 善用宏阔之人

这种人善于交朋友，对他人非常热情，出手大方，处世圆滑周到，容易得到他人的信任。在与他人交往的时候会揣摩别人的心思，尽量投其所好，与各种人都能很好地相处。适合的工作是做业务和公关，这种性格可以帮助他们打通各方面的关节。但因所交之人鱼龙混杂，又有点讲义气，往往原则性不强，受朋友牵连而身不由己地做错事，很难站在公正的立场上论事情的是非曲直，不适宜矫正社会风气。

4. 善用好动之人

这种人开朗外向，做人做事光明磊落，有着远大的志向，富有开创精神，无论做什么事情都希望做领头羊，不愿意落在别人后面。在这个过程中，他们能找到灵感和勇气，有着强烈的成功欲望，希望自己是别人的榜样。缺点是好大喜功，急于求成，轻率冒进，如果在勇敢磊落的基础上能深思熟虑、冷静应对，则能取得重大成就。妒忌心强，如果不注重自身修养，会因嫉妒而犯错误。如果将嫉妒心隐藏于心，得不到宣泄，可能偏失到畸形的程度。

5. 善用柔顺之人

这种人性情温和，非常善良，做人诚实稳重。在与人相处的时候，能够宽厚待人，不斤斤计较。缺点是如果过于柔顺，必然会逆来顺受，没有自己的处事原则，也没有主见。最终因为优柔寡断和犹豫不决而造成机会流失。

这种人独特的特性使得他们在很多时候无法坚持己见，无论上司说什么，都可能造成无条件顺从。如果果断一些，正确的事能极力坚持或争取，大事上把握住方向和原则，以仁为主又不失策略机变，则能团结天下人才共成大事。这就是曾国藩所说的“谦卑含容是贵相”。否则，只是幕僚参谋的人选。

6. 善用固执之人

固执之人有很明显的特色，那就是敢说敢做，同时也有智慧，无论做什么事情，都不希望别人在背后指指点点，如果自己做错了什么事情，别人指出来了，别人说的对，他会无条件赞同，而如果说的不对，必然会惹怒他。在生活方面，这种人不会追求时尚，更不会赶时髦，只要自己认为正确的东西，他一定会坚持到底。这种人是绝对的内当家，是敢于死谏的忠直大臣。

信息时代的今天，人才的竞争更是日趋激烈，要想得到更多的人才，领导者就必须会选人，明白自己需要什么样的人。

寻找有效的招聘信息发布渠道

招聘信息的发布渠道是企业找到和发现人才的重要途径，主要有报纸、杂志、电视、电台、布告、新闻发布会等。各种媒体广告都具有不同的优缺点和适用情况，最终选用什么媒体发布广告，关键取决于所要吸引的职位候选人。

1. 报纸

我们都知道，普通报纸发行的数量很大，能够立刻将新闻信息准确地传达给报纸读者，而且，报纸上的广告篇幅大小可以灵活处理；可是报纸的受众对象比较复杂，相当多的读者也许并不是报纸所要寻找职位的候选人，保留的时间也很短。大多数情况下，报纸招聘广告更加适合于在某个指定地区招聘、候选人数量比较大的职位、轮换率更加高的行业或职业。

2. 杂志

杂志接触目标受众的覆盖面相当大，并且杂志方便于受众保存，纸张的质量或者印刷质量比报纸要好很多；可是广告预约期比较久，受众申请职位的时间段相对也会比较长，并且杂志发行的区域也许较为不集中。所以，假如企业的招聘职业岗位需要人员的地域分布相对比较集中，并且企业没有急切要求补充这一类型的人员的时候，能够考虑运用杂志招聘广告的方法。

3. 广播电视

广播电视能够产生较强感官冲击力，比较容易给人留下非常深刻的感觉；可是广告的时间很短，并且不容易保存，广告费用一般也会相当高。所以，通常情况下，广播电视招聘广告更加适用于当一些企业想快速扩大影响力，并且需要招聘很多员工时，同时比较适用于引起求职者的大范围关注、将企业形象宣传和人员招聘共同进行的情况。

除了上述主要渠道招聘以外，还有任意传播的发布方法，即相关部门和相关人员利用口头的、非正式的方法进行招聘信息的发布。

除此以外，各个招聘渠道对信息发布的瞬时性、影响时长、受众面积以及求职人员的求职方向、费用、效果和适用企业、职位等方面都会有不同层次的要求。如表4－1所示的各种渠道，可供各大企业招聘参考。

表4－1　　招聘信息发布渠道

招聘信息发布渠道	是否随时发布	受众面	求职意向	费用	影响时间	成效	适用的企业和职位
招聘会	否	窄	强	较低	短	不定	适于费用预算少的企业中层以下职位和操作类职位
网络	是	很广	较强	很低	长	不定	适于技术类和职能管理类岗位
报刊	否	较广	强	不定	短	不定	适于高端职位以外职位或希望树立企业形象的企业
广播电视	否	很广	强	很高	短	不定	适于费用预算多，并希望树立企业形象的企业
代理招聘	是	较广	不定	较高	较短	较高	适于有一定费用预算，有中高层职位需求或需求紧迫的企业
猎头	是	较广	不定	很高	较短	很高	适于有猎头费预算，有高端和稀缺职位需求或需求紧迫的规模企业
人才派遣	是	较广	较强	较低	较短	较高	适于人力费用较敏感，有阶段性人才需求的企业
内部调用	是	窄	不定	无	长	有些企业较高	适于企业规模大，人才梯队建设好的企业
内部举荐	是	较广	不定	无	长	可能较高	适于有凝聚力和内部举荐制度健全的企业
外部举荐	是	较广	不定	无	长	可能较高	适于外部人脉网络广，且有一定规模的企业

"三步"让你引进高级人才

在今天这个快速发展的社会中，高级人才的重要性越来越受到企业的重视。企业的发展和壮大离不开高级人才，高级人才可以使企业保持积极向上的活力，企业可因此而建立起独具特色的、适合企业发展的企业文化和强劲的核心竞争力。对于现代企业来说，对高级人才的需要不仅仅是简单的技术骨干或企业管理者，更是兼备专业技术和管理技术的复合型人才。

在大部分情况下，企业高级人才具有以下几个方面的特点（如表4－2所示）：

- 过硬的专业能力。
- 组织规划能力。
- 信息收集与分析能力。
- 沟通与表达能力。

表4－2　企业高级人才具有的特点

特　点	内　容
过硬的专业能力	高级人才往往是某一方面的专家，具有过硬的技术或业务能力，能够及时有效地解决工作中遇到的各种问题。对于没有过硬技术或专业技能的人只会在激烈的市场竞争中很快被淘汰
组织规划能力	真正的人才，能够站在企业战略的高度从大局出发，在制定政策方针、开拓市场、分配任务、协调各级关系、设置工作流程等工作方面，需要极高的组织规划能力
信息收集与分析能力	紧密关注市场和客户的动向，善于从众多的信息中发现价值，对收集到的信息进行分析和整理，将有价值的信息转为有效的生产动力
沟通与表达能力	明确该如何高效地传递信息、表达自己的思想，再与上下级之间进行有效的沟通

高级人才会表现出如任职意向不明显、主动性不强、对职业发展规划过于谨慎、职业转换需求隐性化等特点，所以在甄选高级人才时管理者会遇到

以下几个常见的难题：

第一，既然被称为高级人才，那么此类员工必然是具有复合型、深层次能力的人才。对于人力总监来说，在短暂的甄选过程中很难找到一个适合对人才进行有关能力的考察的切入点。

第二，高级人才具有很强的主导性，他们通常是经验丰富且形成了成熟的工作风格。所以，企业在进行高级人才的筛选时很容易被引导，从而难以掌控主动权。

第三，高级人才在看问题时也并不是单一的，他们具有很高的素质，会从一定的角度和方面看待问题，因此对企业管理者来说这是对自身经验和视野的一种挑战。

当然，企业对高级人才的甄选也是一个相互的过程，所以在匹配度的考察上是企业管理者应当考虑的重点问题。企业通常从三个方面对高级人才进行考察，即与企业的匹配度、与岗位的匹配度和与团队的匹配度。

1. 与企业的匹配度

所有员工的基本活动场所就是企业，那么高级人才是否认可并融入到企业文化中是非常重要的。企业管理者在甄选高级人才时要了解他所形成的价值观是否与自身的企业文化相适应，一旦这方面不能达成一致，无论怎样高级的人才对企业来说都是没有意义的。

另外，企业不能忽视自身方面的问题，要考虑企业目前提供的平台是否可以满足高级人才个人发展的需要。假如高级人才要求得到充分的决策权，而根据企业的现状却无法满足这一点，那么这种高级人才也是不能和企业进行良好匹配的。

我们都知道，企业在不同的发展阶段，对人才的需求是不同的。当企业处于创业初期，则需要具有开拓力、具有很强成就动机的人才；当企业进入稳步发展阶段，则需要思维缜密、具有极强创新能力的人才。企业管理者要根据企业的实际发展阶段来选择合适的高级人才。

2. 与岗位的匹配度

企业人力资源总监在对高级人才甄选时要考察的一个重要问题就是高级

人才与岗位的匹配程度。人力资源部可以通过对高级人才进行笔试、面试的方式来考察其技能素质和工作经验是否满足岗位要求，但是高级人才的职业倾向与岗位的匹配程度也是非常重要的一个方面。

对于企业来说，判断一个高级人才与岗位匹配度的一种有效工具就是职业锚。职业锚指的是人才在进行职业选择时所围绕的重心，一个人在面对必须要做的选择时，不会丢弃职业中的关键点或价值观。从职业锚的角度来看待高级人的职业倾向问题，可将其分为以下几种类型的人才（如图4－1所示）。

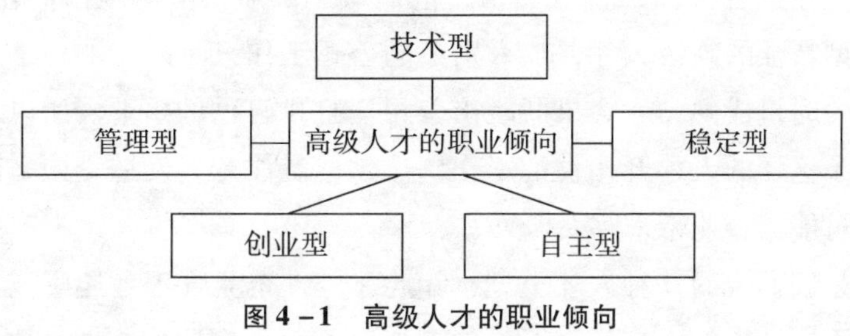

图4－1　高级人才的职业倾向

（1）管理型人才

具体的技术工作对于管理型的高级人才来说只是走向管理层的一种途径。这类人才对管理有着浓厚的兴趣，不仅愿意承担管理上的责任，在跨部门整合团队上也有着十足的力量，他们往往能够独当一面，从企业整体战略的角度来考虑问题，将企业经营的成败视为自己不可推卸的责任。

（2）技术型人才

这类人才的特点是享受自身技能的不断提高，在工作当中也希望将自身所能运用到实际的工作中去。他们引以为傲的往往是来自自身的技术水平，能够为了在某一领域获得进步或成就，而不愿将精力放在不喜欢的事情上。企业管理者对这样的高级人才，可以吸收为企业的技术专家，而不应放在管理方面上。

（3）稳定型人才

这类人才重视的是在工作中的稳定度。他们往往不喜欢面对挑战，对未来的职业发展前途希望是明朗而简单的。通常情况下，他们对薪酬收入的关注往往要高于发展机遇，因为这是给他们提供稳定生活的保障。稳定型人才具有很高的忠诚度，也能够高效地完成任务，但是他们很少有创新的表现。

(4) 自主型人才

这类人才在工作中往往会坚持自己的工作习惯，工作方式比较自由，不受组织规章制度的制约和限制，他们希望能够具有充分发挥个人能力的机会。在企业中，对于这样的人才自由和独立是最重要的，因为企业管理者要想留住这样的人才，就不能给予他们局限的环境。

(5) 创业型人才

这类人才具有极高的创业热情，他们敢于面对挑战和风险。在企业中，具有创业型特征的高级人才，加入别人的公司工作只是一个跳板，对于他们来说，只要时机成熟，就会果断跳出公司去打拼自己的事业。所以，企业管理者要给予这样的人才开拓性的工作岗位，但是注意其发展动向，因为他一旦离职就可能给企业带来巨大损失。

以上是我们说的几种人才类型，除此之外，企业管理者还应该考虑其性格因素。不同性格的人应当在不同的岗位上充分发挥聪明才智，比如，质检部门的工作粗心的人就不能做，而销售岗位需要具有开拓精神的人。企业管理者在任用人才时要注意分析各个岗位适合怎样性格的人才，在甄选人才的过程中，考察候选人是否匹配。

企业管理者对人才的职业倾向和性格的分析、判断，可以通过心理测试来进行，在充分了解了高级人才的技能、兴趣和价值观之后，放到相应的工作岗位上，才能获得企业和个人发展意义上的双赢。

3. 与团队的匹配度

在团队管理中，高级人才往往是企业的中坚力量，所以，他们和团队的匹配是很重要的。当然，如果岗位匹配度是高级人才能够进入企业的前提条件，那么与团队之间的兼容性则决定该人才是否能够持续为企业服务。所以，对于人力资源总监来说，在甄选人才时不仅要考虑其与岗位的匹配度，还要考虑其与团队的契合度。

在每个企业文化中，都很重视与团队的合作。所以，一个人无论有什么样的技能，都要通过与别人的配合来发挥自己的作用，只有融洽团结的团队才能取得良好的成绩，从而带领团队自身力量的提升。

优中选优，严格甄选

团队的卓越与否并非由团队中的某一个成员所决定，而是整体成员共同努力的结果。由此，整个团队成员的素质便直接决定了团队的整体素质，决定了团队的生存与发展。也就是因为如此，便要求团队的组织者与领导者在挑选团队成员的时候，不仅要有一个严格的标准，还要做到优中选优，这样才能确保整个团队的力量发挥到最大。

不要一说到优秀就想到完美，只要团队成员的各项技能中有一项达到顶尖水平，那么他对于团队来说就是优秀的，是可以入选的。如果你还不明白其中的道理，不妨来看看下面这个故事：

中世纪欧洲盛行探险，无论是贵族还是平民都热衷于此。当时，英国的某座城市有两个贵族青年，他们受到此种风潮的影响，有了探险的冲动，可是一直没有付诸行动，因为他们还有一个问题没有达成共识，那就是应该寻找一些什么样的人组建这支探险队。

一个人认为，应当选择当地力气最大、反应灵敏的人，理由是因为探险中充满了危机，如果团队中有这样的人必定能化险为夷。

另一个人则认为，并不全部需要像这样的人，在他们中间最好有性格差异和特长不一样的人。

最终他们谁都没能说服对方，各自按着自己的想法组建了不同的队伍出发了。

这两支探险队伍中，一支全部由身形高大、勇武有力的人组成。另一支队伍却显得十分的杂乱，什么样的人都有，更令人奇怪的是中间还有一个马戏团的小丑。

看到这两支探险队伍，所有的人都认为那支由不同类型的人组成的队伍用不了多久就会灰溜溜地回来。然而事实上，回来的竟然是那支清一色由壮汉组成的队伍。当人们看到这支队伍后，第一个念头便是另外一支队伍可能出现了意外。

时间在慢慢地消逝，几年后，那支被人们认为遭遇到不幸的队伍竟然回来了，更让他们感到惊奇的是，这支队伍竟然到达了目的地。

这到底是怎么回事呢？为什么一支精锐的队伍会在半途中无功而返，而另外一支看起来毫不起眼的队伍却获得了成功？人们的心中充满了好奇，便询问那位到达目的地的贵族青年。

“我只是让不同的人做不同的事情，并且让他们各自发挥自己的特长去帮助对方，让整个探险过程就像是一次愉快的旅行。”年轻的贵族说道。

挑选优秀的团队成员是管理好团队的前提条件。从上面的故事中我们知道，决定团队是否真正具有竞争力的并不在于团队成员的整体技能有多强，而在于团队成员之间是否能够默契地配合和互补，形成一个行动统一的整体。

因此，在选择团队成员的时候，一定要避开一个误区：选择优秀的团队成员并不是要选择完美的成员，而只要他在某一方面优秀即可，而且这个方面正是团队所需要的。团队管理人员应该尽量做到让每一个成员能扮演最适合他个人及专业技能的角色，这样他们便会觉得自己能做出更多的贡献，会受到更多肯定与欣赏，从而会将他们的特点和优势充分发挥出来，真正地达到团队整体能力大于个人能力。

那么，一个优秀的团队又需要哪些优秀的团队成员呢？马里帝兹·贝尔宾博士将团队中的主要角色归纳为以下九种。

1. 播种者

这种人非常聪明，并且思维活跃，在团队之中充当思考者的角色，其特长在于提出新的想法及解决困难、问题。他们撒下种子，由团队其余的成员负责培育，让种子成长并结出甜美的果实。播种者是团队中充满想法的人，但这并不是指其他成员没有自己的想法，而是播种者能以前卫、充满想象力及横向的角度思考问题。播种者倾向于在激发想象力的想法上花费大量时间，却往往忽略了团队的需要与目标。所以他们并不是将这些想法付诸行动的最佳人选，他们很快就会对这个构想失去兴趣，而且由于他们关注的是主要的问题而非细节，因此容易错过一些细节，并犯下无心之误。

2. 资源调查者

资源调查者虽然同样充满创造力，可是也并不像播种者似的善于提出新思路，他们更加擅长利用某人所提供的原材料并加以发挥。可是在通常情况

下，他们是从播种者那里收获原材料。他们个性温和、外向并充满探索欲，一般人缘都会相当好，像处事机智的外交官或协调者，也可以独自思考，他们正面和积极的天性态度，对凝聚工作团队士气和工作动机的鼓励可能有非常影响力。

3. 协调者

协调者非常重视遵守纪律及擅长统领和驾驭，他们天生喜欢集中注意力于一个特定工作目标上，能够让整体团队朝共同目标前进。他们善于营造团队内部的凝聚力，一般容易受到其他成员的尊重与爱戴。

协调者总是充满自信，大多数有权威气质，擅长授权与沟通，同时擅长挖掘某个人的长处或者优点，并且可以把对方的长处和优点挪用到对整个团队有用的地方。所以，协调者一般情况下是循规蹈矩的工作角色及内容的人，顺其自然也经常变成团队的管理领导者，尽管他们由于某些原因无法担任领导者，也会成为企业团队中的重要领军人物。

4. 塑形者

他们虽充满生命力，但是也比较容易紧张不安，另外，很外向与冲动以及极度缺乏耐性的一群人。一般情况下，比较容易性格急躁，以至于有时徘徊在偏执的临界点。对寻求和接受挑战富有极大的兴趣，对事情发展的结局往往表现出很在意的态度。他们要看到结果的成效，并且也会要求其他人展示成效。这种偏执的性格很有可能导致与他人争执，可是并不会持续多久，也许在下一个路口，他们就会把这些不愉快抛诸脑后。

他们可以把团队的整体目标具体细分化。在团队会议上，大家集体针对某一问题热烈讨论时，他们通常会寻找模式，甚至于想着将众人的思路、目标还有任务总结成一个可行的计划方案。接着迫切促使大家尽快做出决策和采取实际行动。

5. 监控评估者

他们大多是睿智、稳重且有点内向，个性比较单调乏味甚至是近乎淡漠的人。他们的优点并不是主动提出想法，却是头脑清晰、冷静地去观察其他人的想法。他们会评估所有的优点与缺点，可以说是睿智机警的仲裁者，当然极少会出现错误的决策，他们通常可以使团队免于采取错误的方案。

6. 团队工作者

团队工作者很大部分都会拥有以下的性格特点：思想敏感和乐于人际交往；个性比较温顺；对团队比较忠心耿耿。正是由于这样，他们最懂得团队中成员们的情绪波动，他们是认真的倾听者与优秀的外交官，对于新思路，他们的直觉表现是加以运用和发展，并不是从中找出毛病。

因为他们身上具备这样的个性特点，所以他们的加入能够把团队里的人际问题降到最低限度。当团队成员间由于某事发生矛盾时，团队工作者的价值则更加得到体现。遗憾的是，他们身上缺乏那种应有的竞争力，有的时候会表现得犹豫不决，拖泥带水。假如让他们成为企业领导者，他们也许显得缺乏活力。当然因为他们人缘不错，也不具有威胁性，通常可以起到鼓舞团队成员的作用。

7. 执行者

执行者一般具备组织化的思维技能、常识和自律能力。他们可以把自己的想法与决策自如地转化为清晰和能够执行操控的任务，并且可以把整体计划转换成具体行动计划。执行者除了忠心与无私外，还具备工作认真、条理分明的优点。执行者的宝贵之处在于——不管个人对工作内容是否认可与满意，他们都会完成任何交办的任务。

8. 完成者

这种类型的工作者因为天性容易紧张和内向，并且害怕做事情会犯错误，因此他们总是要彻底确认每个细节都完善后才会安心。因为他们谨慎的性格与不辞辛劳的态度，所以他们总是能够成为突出的佼佼者。尽管这类人并没有那么独断专行，但是他们可能会传播一种使整个团队都产生急迫的感觉，甚至没有办法容忍别人散漫的态度。

9. 专家

专家以所有的精力获取最专业的技能或知识，他们最感兴趣的是自己专长的领域，热烈地追求进步，对此抱持高度的专业态度。不过他们对于别人的工作有不关心的倾向，而且很可能是不太留意别人的独行侠。他们拥有干劲、全心奉献，一心一意想成为特定领域里的完美专业人员。

高素质的人才，才能造就卓越的团队。

可惜的是，现在的一些企业似乎忘记了这一点。他们虽然知道自己的团队所需要的是什么样的人，也很想寻找到理想的人员。可是在实际的操作运营中，他们在寻找和挑选团队成员时，好像是害怕找不到真正适合他们团队的成员一样，只要对方符合自己的条件，就不再加以筛选。

类似这样的方式，虽说给自己的团队寻找到了比较合适的成员，但是像这样的团队不一定能成为真正的无坚不摧的团队。团队若不是一流人才的集合，又怎么能成为具有一流战斗力、竞争力的团队呢？

公平竞争中择优录用

领导者应该负责引领企业良性竞争的风气。竞争是激励员工发挥个人最大潜力最有用的办法之一，一个拥有良性竞争环境的企业也是最能够让员工感到安全感的企业。员工在如此的环境中同时能够全身心地为企业创造最大效益，也会创造意想不到的成绩。

所有的企业都愿意看到自己公司员工的业绩能够做得很好，当然这看起来并不像员工的愿望。员工更愿意获得舒适的工作环境和做最少的工作拿最多的报酬。这就造成了管理者与员工两者之间目标诉求的不匹配。大部分员工觉得商人很“粗俗”，认为他们工作就是为了赚取报酬。所以，如果管理者能够通过员工不服输、争强好胜的态度，采用个人与个人竞赛、班组与班组竞赛等方法，最重要的是让员工自己主动提出诺言。这种诺言相比奖励金钱对他们的鼓励效果要好得多。让公司和员工之间存在同样的目标诉求，这样才能很快地提高工作效率。

海尔集团在张瑞敏的领导下创造了从零到有、从小到大、从弱到强的商业发展奇迹，使海尔集团从一个亏欠 147 万元的集体小公司，最后一举变成了中国企业中的佼佼者。张瑞敏本人也总是获得国内外各大奖项，最终变成中国企业家的代表和领军人物。

张瑞敏最使人称赞颂扬的带领理念就是“人人是人才，赛马不相马”，他在海尔集团付诸行动的赛马制度是一个人才挖掘与重点培养的动态过程，是一个行动—认知—再行动—再认知的动态过程，更是一个引领良性竞争的制度。

这一制度最先表现在海尔内部实施的“三工转换制度”，即把公司员工划分为试用期员工、合格期员工、优秀员工三种类型，三种员工间进行动态转变。经过精细科学的赛马规定，开始非常严谨的工作绩效考核，让全部的员工在动态的竞争考核中得到提升、惰者降级、优者取胜、劣者淘汰。成绩突出者，试用期员工能够转变成合格员工甚至于优秀员工；与此同时，不努力者，当然就会从最初的优秀员工转变为合格员工甚至于试用员工。更加严重的是，每一次考核后总是要遵照比例选出试用员工，并且推行末位淘汰制，这样一来，人人都有生存危机感。因此，在海尔集团中“今天工作不努力，明天努力找工作”这一基本理念就被标榜了起来，使得每一个员工都有了竞争意识。

海尔集团的赛马体制是涵盖全方位并且开放式的，海尔集团内部每一个岗位都能够参加比赛，每一个岗位都是擂台，每一个人都可以升迁，甚至于向全社会开放。在海尔集团这个平台，不存在身份的尊贵与卑贱、年龄的大小、资历的高低，经验普通但有能力的员工能够升迁为管理层人员，平凡但有才气的劳动农民同样能够进入领导岗位。所有进入海尔集团工作的人都被这种竞争积极向上的气氛、生机勃勃的气息所深深包围着。

张瑞敏认为，相马是把自己的命运托付给了别人，可是赛马却可以把命运紧紧掌握在自己的手中，因此他提倡“赛马而不相马”。海尔集团的赛马规则，遵守着“优胜劣汰”的铁的规律，所有人都不可以知足于已有的成绩，只可以创业，但没有守业；只可以进取，但不能退缩，哪个想要守业就将要被残酷的竞争所剔除。在海尔，所有人的竞争已经升华到了精神的竞争，所有员工的心里都承载着神圣的海尔事业，而且不断进取，不断创新，让海尔总是立于不败之地。

竞争，最重要的就是让每一个员工都感到自己被公平对待，通过公平竞争所选拔的人才才能让所有的员工都心服口服，才能让员工认为命运是真正由自己主宰的，这样每个员工才会愿意使出浑身解数，发挥最大的能量为企业服务。

和海尔类似，美国最大的邮政快递、物流跨国公司——联邦快递也一直秉承着这种公平竞争的精神，让所有员工都能感到自己被公平对待。他们通过严格的制度让员工来评判自己的管理者，以保证领导者的公平。

联邦快递制定了严格的制度，以严格训练和密切监督每一位管理者为切入点，每一位管理者每年都要接受上司和下属的全方位评估，如果一位管理人员连续几年所受到的评估都低于一个预定的数值，那么等待他的只能是解雇。员工们每年都会收到一份调查问卷，问卷里面一共有 29 道题，其中前 10 题都与其直接主管有关，比如“主管做事公平吗”类似的问题，接下来的问题一般会涉及直属上司的管理态度，以及公司的一般情况，最后一题则问公司去年的表现。公司在收回问卷后则将调查结果按不同团队做成表格，并列出各位主管的成绩。前 10 题的综合得分为领导指标，关系到公司 300 位高级主管的红利，这一部分可高达资深主管底薪的 40%。如果某位主管的领导指标不合格，就拿不到这笔红利。联邦快递的这项制度对所有主管而言意味着他们必须要引导一种公平的良性风气。

与海尔类似的还有宝洁公司，宝洁公司始终把公平竞争放在非常重要的位置。宝洁在用人方面，是外企中最为独特的：与其他外企强调有工作经验不同，宝洁只接收刚从大学毕业的学生。

为什么宝洁只要应届大学毕业生？这是因为宝洁很重视年轻人的发展，实行从内部提升的用人原则。所有的人都是大学毕业生，都处在同一个起跑线，竞争与升迁的条件是均等的。因此，宝洁尽量不雇用有多年工作经验的人，万不得已，如果招来了非应届毕业生，他们基本上也会被安排和其他应届生一样，从起点职务干起。

企业需要一个公平竞争的环境，要能够建立起完善的制度，对表现好的员工能够及时表彰，而对工作表现欠佳的员工能够迅速处理，这样就能极大地满足员工的心理需要。对员工而言，很多时候，心理上的满足要远远高于物质上的满足。只有领导者公平地对待每一位员工，引导他们进行良性的竞争，才能推动企业不断发展，为企业带来无穷的活力。

不求最好，但求合适

不管是哪种行业、哪种公司，其经营者都希望可以寻找到适合企业积极发展的优秀专业人才，用来帮助自己的企业拓展更多业务，促进企业不断向上发展。当然，并不是每个经营者都能够得偿所愿。那么，到底怎样才可以招到合适并且优秀的人才呢？下面我们就通过一个案例来了解一下。

据有关资料统计，1997 年思科系统公司在美国《工业周刊》评选的 100 家管理最佳公司中位列榜首；1999 年思科被评选为 100 家网上最受欢迎的公司，同样是位列榜首；2000 年《财富》杂志将思科公司排名在美国 100 佳工作场所的第四名。

思科系统公司成立于 1984 年，它的总部设立在美国加州圣荷塞，并且是一家标准硅谷运作模式的高科技公司。因为思科创业资本是高技术专利，所以在很短的时间内，公司就积累了大量财富，而且也聚集了大量的高技术人才。

在招聘优秀人才方面，思科公司开辟了独特的视角。

1. 思科系统公司的大门始终对优秀高科技人才敞开

思科的招聘广告语是“我们永远在雇人”。思科对于优秀的人才总是充满了兴趣。在互联网行业中，优秀人才的招募是最为关键的地方。思科早就意识到了这关键的一点，并且也一直在为招聘优秀的人才而奋斗。正是由于思科重视人才，才让它在互联网领域中发展迅猛。

2. 使全部员工都成为猎头代理

在招聘方法上，思科公司采纳的是全面撒网，不管是报纸招聘广告还是网站、猎头公司，甚至人才招聘会，只要是能够有招聘广告的地方它都利用上了。由于思科的发展速度特别快，尽管有这么多类型的招聘方式同样没有办法填补它对人才的渴望。关于这个问题，人力总监总是感到沉重的压力，由于开放的招聘方法导致公司不能有清晰明确的目标，思科公司总是去到 IT

界专业的人才会议中做大量人才资源收集工作。对于思科公司招聘人才这一方面来说，猎头公司是最有效的形式。虽然猎头公司的成本很高，不过为了应对大量高科技人才匮乏的情况，思科公司还是有相当一部分的员工是猎头公司寻找来的。除此之外，思科还有大概 10% 的应聘者是经过内部员工推荐进来的。在思科公司有一项很特别的鼓舞机制，这项特别的机制就是鼓励内部员工推荐他人加入。公司的制度是只要员工推荐一个人进来面试就可以给那个员工一个点数，每通过一道面试关又奖励给一个点数，假如这个人最终被公司录取，思科就会给推荐的人发事成奖金。并且那些点数的最后累积还可以折成海外旅游。就是这种创新性的激励制度，使得全部的员工都能够变成猎头代理，只要有适合的人，他们就会毫不犹豫地往公司里推荐。

3. 进入学校培养员工

因为思科发展速度非常快，所以它对员工也提出了新的要求，那就是希望员工能独当一面，使用应届毕业生的概率很小。从 1999 年开始，思科在一些大学设立有一个虚拟的网络学院，通过提供一些设备和课程，让学生熟悉互联网环境，而且通过对学生进行笔试，让学生对互联网知识有基本的了解。思科公司会在通过笔试的学生中挑选一些到公司中见习。另外，思科也会在学校里培养一些助理工程师，等这些学生学成以后，就成为思科正式的工程师。虽然应聘人有很多，但是能够成功的却很少。

4. 人人都需领导素质

在招聘过程中，思科除了强调基本条件之外，还需要应聘者具有领导特质，因为思科中的每一个员工都是一个单兵作战的单位。例如，思科的系统工程师所做的工作不仅仅是做产品的规格，还可能需要到客户那里作报告，而作报告就需要较强的表达能力。所以，思科招聘人才注重的是应聘者的综合素质，不仅需要有领导特质和专业精神，而且还要对工作的需要和客户的需要都能有敏锐的反应，以便更好地服务客户。

5. 对应聘者严格把关

到思科应聘的方式主要是面谈。招聘的程序基本上是先挑选简历，然后由人事部安排时间与应聘者面谈。通常进入思科的面试者都要与公司的5～8个人交谈，无论是哪个职位都是如此。

在1999年，思科给员工推出一个培训，其培训的内容就是教会招聘者专业的面谈技巧，每名雇人经理都需要参加培训。即使之前参加过类似的培训，也要继续参加，以便保持敏感度。在面试的过程中，应聘者需要通过很多项目的交谈，每个负责招聘的人有一份面谈记录，每个人与应试者面谈后有一个评价。关于最终确定的人选，思科所采用的是全体通过制，如果有一个面试者不同意，那么这个应聘者就没有机会走进思科。

6. 广泛征求应征者的意见

思科尤为重视面谈的开始和结束环节，因为它强调的是面试人员需要一个完整的培训。招聘者不仅需要懂得问什么样的问题，而且还要努力给应聘者创造一个愉快的环境，千万不能让应聘者等待时间过长。面试官有一个责任，那就是在面试程序上做总结，所有的面试官在面试结束之后都要问那些应聘者，有哪些环节是他们做得不好的，希望他们怎么改进。如果应聘者给出的意见都是一致的，如等待时间过长、面试氛围过于紧张，那么思科内部就会做出调整和改进。思科美国公司做得更细致，往往在面试结束之后跟踪访问，而且还会给他们附上正式的表格，让应聘者谈一下对面试的看法。这种做法使整个面试真正受到了监督。

企业的竞争就是人才的竞争，人才是企业的根本，是企业最宝贵的资源，所以如何选择合适的人才为企业工作直接关系到企业的生死存亡。究竟如何才能寻得人才呢？靠运气或者是缘分甚至是空等都不是办法，一定要尝试采用多种方式和渠道开展“搜人才”行动。

典型的结构化选才模式——BBSI

当前，企业界有各种各样的所谓“结构化”的招聘选才模式，但公认最可靠的一种方法，是一种叫做行动逻辑选才的模式——BBSI（Behavior Based Structure Interview）。这种模式最早是IBM公司这样的大企业，从大量的招聘选才的实践中总结形成的一套稳定可靠的结构化招聘选才模式，更重要的是，这

是一种结构化面试选才模式。1995 年，BBSI 曾经被评为“全球最佳面试法”。

采用 BBSI 模式进行选才的核心工作流程如图 4 – 2 所示。

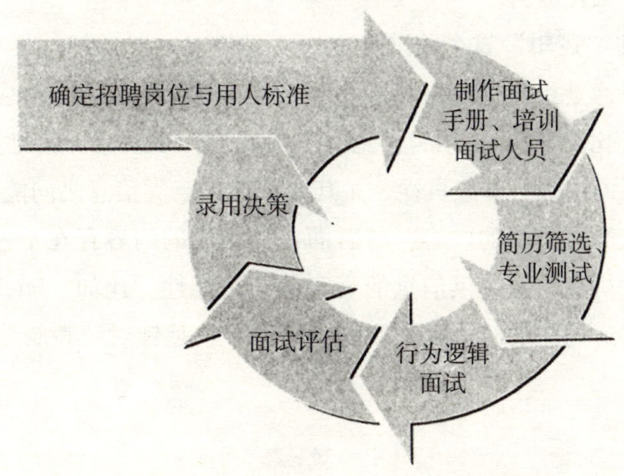

图 4 – 2　BBSI 模式选才核心工作流程

1. BBSI 的核心操作要点

第一，行为逻辑面试是以应聘者的行为表现为核心展开询问，以此探究应聘者的能力、专业技术、知识水平、求职动机和价值观等是否符合招聘岗位的要求。

第二，行为逻辑面试强调应聘者客观的行为表征，而不是主观的意愿或概念性的思考。

第三，行为逻辑面试从应聘者提供的基本信息出发，逐步深入地挖掘其内在潜质，主要是通过其过去行为的表现来推断未来的工作表现。行为逻辑面试强调人的不同行为和外在表现与内在潜质之间存在内在逻辑关系，面试问题也应该注意这种逻辑性与关联性。

2. BBSI 操作好的两个关键点

(1) 抓住“行为”这个关键

所谓抓住“行为”这个关键，指的是考官在招聘选才时，要紧紧围绕应聘者“本人亲身经历的、具体的事”来展开提问、追问与考察，而不要问一些应聘者容易“概念应答”的问题（概念应答是指一些纯粹理论、理念、道理、概念阐释类的分析和回答），因为这样的回答无助于考官准确判断应聘者是否真正具备某种能力。

（2）抓住“逻辑”这个关键

所谓逻辑，是指考官在招聘选才时，要有意识地注意分析应聘者所提供的文字信息（比如简历）、语言信息（口头回答）以及行为信息（具体行为）三类信息前后的一致性和连贯性，尤其要关注这三类信息之间能否相互印证。有些应聘者在简历中写的内容，与后面口头回答的内容存在不一致，那么我们就要认真分析应聘者提供信息的真实性与可靠性。比如，Intel公司在招聘办公室一个普通的职员时，所采取的各个环节就是针对“逻辑”这个关键点来展开的。

拒绝个人情感，科学评估

现在，在人才市场上，很多人都提倡“是骡子是马拉出来遛遛”。然而，这并不能完全抹杀“学历”在工作中的重要性。很多企业在招聘的过程中仍然是以文凭取人、以专业取人、以经验取人、以大企业工作经历取人、以穿着甚至以貌取人……在所谓“科学人力资源测评体系”背后的是刻板、缺乏创意和傲慢无知。刻板的人才规范已经使中国一些个别企业陷入迂腐，越是大企业越是迂腐。因此，作为人力资源的管理者要学会科学评估，走出面试评估中的误区。

误区1：“海归”一定胜过“土鳖”

无论一个人持有什么样的文凭或者是学历，它所代表的仅仅是过去。如今的时代是一个信息爆炸的时代，学历并不能代表一个人对现实问题的解决能力。学历可以成为参考一个人能力的标准，但不是唯一标准。很多企业明文规定，必须达到什么样的学历才有可能进门面试。而在现实中，一个人的综合能力往往与他是什么学历，以及毕业于哪个学校并无必然的联系。许多企业喜欢炫耀自己的公司里有多少MBA、有多少“海归”等。而现实中，“海归”的能力未必就比“土鳖”强。特别是洋文凭满天飞的今天，“海归”

的质量也早已经大大缩水。至于有些公司动辄要求某些岗位非 MBA 莫取的做法，更是迂腐至极。现在很多学历都可以花钱来买，如 MBA。纵使很多人获得了 MBA 学位，但并不代表他真的是货真价实的。在商业竞争中，所有的人只有不断充实新的知识，才有可能成为胜利者，仅有文凭是无法在激烈的竞争中获胜的。

就后现代管理方面来说，我们应想尽一切办法来打破各种束缚，否则，正如德鲁克所说的："戈特利布·戴姆勒也好，亨利·福特也好，没有工程技术文凭或 MBA 文凭，都没有机会坐上第一把交椅。而且，也没有哪家有名的金融公司会在今天聘用摩根这位从大学退学的家伙了。于是，企业将会把它最紧缺的人才拒之门外：创作家、革新家和冒险家。"

在人才招聘这一方面，日本的索尼公司是中国企业学习的最佳榜样之一。日本索尼公司招聘人才不分国籍、年龄、学历、性别以及身体是否残疾，尤其欢迎在目前工作的公司不能发挥潜力的人。

索尼公司对应聘人员的入选考试极其严格，每个应试人员都要经过 30 个经理以上干部的面试。而且由这 30 个面试官所作的评分表在 5 年内有效，也就是说，5 年前新进员工所获得评分，必须在 5 年的工作过程中一一应验，这当然也是对经理人员评估能力的考验。面试通过后，还要经过集训考试，考试长达三天三夜，内容包括第一天的笔试，第二天的市场调查习作，第三天作"20 年后的日本"的作文。此外，该公司不惜投入大笔的经费，还要作一次集训考试，以便真正了解每一个应试人的思考力、判断力等优秀与否。

索尼公司信奉唯才是用，尤其是对科技和管理人员的考核使用，主要是看他们的实际才能如何，而不是仅仅重视学历。公司录用人员不管什么工种，提升职务无论职位高低，都要进行严格的考试，公司给一个人分配什么工作或提升什么职务时，主要依据他本人考试成绩的好坏和在实践中表现出来的能力大小来确定，这在高度重视文凭的日本的确是难能可贵的。

索尼公司之所以能够在激烈的竞争中一直保持着领先的地位，与能够招聘到切实可用并且符合公司要求的人才密不可分。

随着经济的不断发展，很多外国企业已经认识到中国的市场经济不再是 20 世纪 90 年代时的粗放型经济，它已经摒弃了以廉价的人力资本和无知识含量的流水作业为经济发展手段的模式，而是追求知识、质量等。所以，要想在中国扎根，必须要保证产品的质量，尊重中国的文化，只有这样才能打动消费者，才能在中国获得发展。所以，“人才本地化”成为外企发展的当务之急。

误区2：“科班”出身决定胜任力

很多企业在招人的时候，总是看重应聘者是否为科班出身。招营销策划人员一定要营销策划专业的，招管理人员一定要管理专业的，其实这种做法是无知的表现。例如，以营销策划人员招聘为例，很多真正学营销的人并不懂得营销的真谛。其实只知道一些理论是根本没用的，真正优秀的策划人员，是经得起实践检验的。不管是文史哲还是其他一些学科知识，真正的营销人员都懂，他们身经百战。在文化素养方面，真正的营销策划高手的文字功底是非常强的，甚至完全可以与作家相媲美。而大多数营销系出身的“科班”队伍，除了一点半生不熟的营销原理之外，其他就一无所有了。

误区3：大企业经验一定信得过

其实这也是一个很大的误区。当然，一个人是否有工作经验固然重要，但这不是判断一个人能力的唯一标准，也不是决定性因素。对于不同的人而言，经验有着不同的意义。如有些人在一个行业工作了十年，等于他一年的经验重复了十次，其实也就是说他还是一年的经验。在现实中，我们经常会发现具有多年经验，仍业绩平平之人。而那些经验虽然不够丰富，但富有创造力的人，往往能在进入一个行业不长的时间内一鸣惊人！

很多企业仍然希望应聘者有大企业的工作经历。当然，我们不能主观地说经验不重要，但我们在对待经验的时候应该保持理智。因为很多大企业出来的人也不是明智之人，或许还可能是庸才。企业真正需要的是一个人的素质，所以，在判断一个人是否为人才的时候千万不能过于考虑外在的因素。

企业招人时的各种条条框框和偏见，是现代企业长期积累起来的人才评估“规范”，这些“规范”使企业具有了“偷懒”的条件，助长了企业不动脑筋的恶习。

误区 4：刻板印象

例如，很多企业认为做人力资源这个工作女生就是比男生适合，其实这是一个很大的误区。现在很多职位根本没有男女之分，女性中也有很多是非常有能力的，甚至比男性做得更好。而在逻辑推理方面，男性未必比女性更有优势。

以上所提到的误区在很多企业中仍然存在，要想选出真正优秀的人才，在招聘的时候一定要克服这种刻板印象，只有这样，才能保证企业更好地发展。

超导链接

公司的招聘工作分析

1. 案例公司基本情况介绍

H 公司是一家相对比较典型的中小型外商独资企业。企业主要经营包括国外电子与电力、环保与自动化等方面的仪器仪表代理业务。至今已有三十多年的经营历史，同时也是比较早一批跨进中国内地的外资企业。在改革开放初期阶段，H 公司便以敏捷的信息与灵活的运营策略以及得天独厚的地理优势获得快速发展，现在已经发展成为以代理经营为主，以生产与开发及配套工程和连锁销售为辅的多种经营混合型企业，同时已在国内设有十多家分支机构。

H 公司现有员工 200 人。职位设置为三类，即行政管理性职位、销售类及售后服务类。行政管理性职位人数较少，只占员工总数的 10%，且相对较稳定；售后服务类职位主要是售后服务工程师，占员工总数的 15%；其余均为销售类，由销售经理和销售工程师构成。

工作年限结构：公司现有人员中，工作年限 10 年以上的员工 25 人，约占 12.5%；5～10 年的员工 60 人，占 30%；3～5 年的员工 75 人，占 37.5%；

三年以下的员工40人，占20%。

学历结构：硕士及以上学历8人，占总人数的4%；本科学历183人，占91.5%；大专学历9人，占0.5%左右。

管理方式采用扁平式，即总公司下设各办事处或直营店等分支机构，各分支机构由行政管理部、销售部及售后服务部三个部门组成，销售部由各产品部门组成，如环保仪器部、测试仪器部、工程部、通用仪表部、过程仪器部等，各部门均由总公司的相应部门遥控指挥，如图4－3所示。

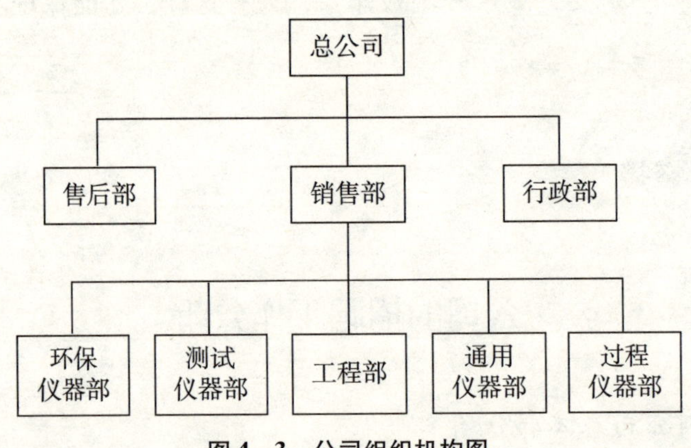

图4－3　公司组织机构图

随着经济的发展和竞争的加剧，该公司的经营情况逐渐滑坡，人员流动性大、工作不稳定等管理上的问题也逐渐暴露出来。

2. 案例公司招聘工作流程

第一步，上报职位空缺信息

当员工辞职或出现职位空缺时，行政管理人员把招聘需要上交给总公司行政管理部门，总公司行政管理人员再与该空缺职位所在的业务部门进行沟通与人员确认。假如该部门需要招聘新人，那么由该部门提出招聘人员要求，同时上交招聘条件。总公司行政管理部门收到业务部门上交的招聘条件后，通常只是可能做一下文字上的修正，然后就直接下发给相对应的分支机构。分支机构的行政管理人员按此招聘条件去选定适配的招聘方法，如参加招聘会或者是利用其他媒介发布招聘广告。因为业务经理并不是人力资源专业人士，其出发点也只局限于其业务内部，所以由他们提出的招聘条件通常比较

简单，也许只是包括学历和所学专业以及从事的工作经历等基本内容。

下面这则招聘广告就是环保仪器部曾在招聘时使用的。

招聘：销售工程师2名。

要求：（1）化学、化工、食品、环境科学专业本科学历。

（2）熟悉食品安全、农业、水产、畜牧行业。

（3）有一年以上仪器销售经验，能独立工作，完成销售指标。

从上面的招聘广告可以看出，上述内容无法准确描述对人才的需求，如任职资格、主要责任、关键工作标准。虽然公司内部有比这详细的说明书，但与招聘要求的准确性相比，特别是在素质能力的描述上，仍然有很大差距。

第二步，等待反馈

一般情况下，招聘广告发出后都会收到应聘简历，但简历量不尽相同，不同的职位、不同的时间及招聘方式等都是其影响因素。例如，销售工程师就比售后服务工程师应聘者多；同样是销售工程师，不同的产品部门也不相同，如测试仪器部应聘的简历量一般多于环保仪器部，因为前者要求的专业较为普遍，而后者的专业要求较为高些，相对来讲就比较“偏”，因此前来应聘的人数也较少。不同时间实施招聘所获得的简历量也有所不同。如果在整个人才市场供应较充足的时期，如每年高校学生毕业前夕，所收到的简历就会比平时多，而在春节前招聘的话，简历相对较少。

收到应聘简历后，由分支机构的行政管理人员进行简历的初步筛选，挑选出符合条件的求职简历，然后将这些简历用电子邮件发送或邮寄给香港总公司行政管理部门。总公司的行政管理部门收到简历后转交给相应的业务部门经理。

第三步，确定面试名单

业务经理对候选人简历情况做了反馈后，交给总公司行政管理部门一份面试名单，并确定可以进行面试的具体时间。总公司再将名单转给分支机构，分支机构的行政人员再按照业务经理安排的时间和人员名单开始通知面试。

由于业务部门经理要对该部门所属的所有分支机构负责，因此很多时间他们都是在各地区之间往返，很难及时处理案头工作，这样常常是等业务经理处理完应聘简历时已经一周甚至更长时间，往往造成一些候选人失去耐心或认为已经被淘汰，转而接受了其他单位的“橄榄枝”。

第四步，面试

主考官往往由业务经理担任。由于业务经理的时间比较紧张，通常情况下每个应聘者只安排30~40分钟的面试时间。面试地点也都是在分支机构办公室内。由于时间紧张，准备常常不够充分，很多时候都是这样的场景：当一位应聘者如约而至时，前一位应聘者还未结束面试；或是当应聘者已经坐在了主考官对面时，突然考官的手机响了起来，考官歉意地说了声“不好意思”，然后接起电话，被试者只好耐心地等待；或是碰巧按时入座，而且也无其他干扰，只见主考官问了一下来者的名字，然后在一摞简历中终于找到了该人的简历，先是让应聘者自我介绍，然后借助这段时间赶快浏览手中的简历，再针对自己感兴趣的问题进行提问。

第五步，做出录取决定

经过前面的面试之后，业务经理对面试结果有了一个大概的印象，如果有了他认为非常合适的一个或几个人选，则会马上再安排复试，复试时会针对一些初试中没时间了解或了解不够的问题进一步询问，也会针对一些主考官认为非常重要或他感兴趣的问题作进一步了解。当然，薪酬和待遇问题也要与候选人明确沟通。

第六步，完成招聘流程

经过复试，如果主考官认为已经找到了合适人选，则会通知总公司行政部，再由行政部下达聘用通知，这次的招聘工作就算结束了；如果没有，则需再重复前面的四步工作，直到找到业务经理认为满意的人员为止。

3. 案例公司招聘工作的问题分析

在本案例中，H公司是一家比较典型的中小型企业。

(1) 管理不规范，制度不健全

①大企业持续正常的运作总是依托于完善的管理体制，可是中小企业通常对个体的依赖性显得更大，并不紧紧靠健全的管理制度。也可以说，企业的发展其实更多地需要依靠每个员工的能动性。通常没有一个系统的、完善的管理体制，也不可能有一个持续的、完整的人力资源管理体系，不管是从招聘计划上还是招聘流程上来看，都不够系统与完整。大企业的运营模式显然不适用于中小企业有针对性与有计划地引进所需人才。

②缺乏招聘职位的详细描述。

从表面上看所有企业在招聘时都发布了招聘广告，而且还会在其广告上列出招聘需要和招聘条件。不过如果细心观察就会发现，大多数中小企业的招聘条件过于简单，有些甚至显得很粗糙，造成了被招聘人员很难从招聘广告上明确地看出该职位对人才的具体要求有哪些。

③对所需人才的标准设定过于匮乏。

很多中小企业都缺乏科学、精细的工作岗位分析。有些中小企业尽管也做了这方面的工作，不过还是不够完善。有些只是强调了该应聘岗位的职责，却缺乏任职资格，也就是对人的要求，导致应聘者难以把握企业究竟需要什么样的人才。

④对人才的评价方式过于粗浅。

大多数中小企业在对人才的评价方面都存在着过于粗浅的毛病。最近几年，现代化的测评手段发展迅速，不但在方法上越来越丰富，甚至在准确性和科学性上同样不断提高，很多现代化的测评手段已经被大公司普遍运用。但是许多中小企业在这方面还比较淡薄，以至于还只是依托一两种传统的方式，大大降低了招聘人才的科学性和准确性，非常不利于中小企业招到优秀的人才。

（2）针对存在中的问题提供的修正方案

①快速构建科学的招聘流程。

由于科学的招聘流程可以使招聘工作循序渐进地进行，达到事半功倍的成效，相对应地，假如不能有一个适合企业实际情况、科学的工作流程，那么有可能会给企业造成一定的人力与财力以及物力上的不必要浪费。更为严重的是，可能会影响到整个招聘工作的顺利进行。

②完善职位剖析，形成详细完整的职务说明书。

对于普通中小企业来讲，制度上通常不如大公司健全、规范，并且经常缺乏对职位进行规范的职位剖析和制定细致的工作职务说明书。这通常造成招聘时无据可依，甚至造成招聘过程中的盲目性和任意性，导致招聘工作无法达到令人满意的成效。

职位剖析，是指对某一企事业组织内部各个岗位工作的剖析。剖析者采用科学的手段与技术的手段对所有职位同类岗位工作的结构因素和其相互关系进行分解、对比和综合，然后确定该职务岗位工作要求特点、性质和要求的过程。

职位剖析的主体是职位剖析者，客体是工作岗位，对象是岗位中的工作内容、工作职责、工作技术能力、工作强度、工作环境、工作心理以及岗位在组织中的运作关系，分析的结论是职务说明书。

职位剖析的办法有观察剖析法；工作者自我记录剖析法；主管人员剖析法；访谈记录法；纪实剖析法；问卷调查剖析法等。

③确定特殊岗位的胜任特点。

对于中小企业，能够根据自身所处的不同发展时段和周围的竞争环境特征来确定员工的胜任特点。企业处于不同的发展时间段，对员工也相应有着不同的要求。初创阶段，通常需要很多有经验的人员来完善企业的业务和体制；快速发展时期，需求具有创新和灵活变革能力的员工，当企业的外部环境复杂、多变时，要求招聘的员工必须具有敏捷的洞察力，快速学习、分析问题和解决问题的能力，以便于更好地应对外部环境的变化，也会对面临的问题做出正确的判断。所以，企业应该选择适合自身情况的建模方法，主要是中小型企业，更要考虑自身的企业规模，还要考虑人力与财力还有物力的限制条件。

④运用评价中心技术对人才是否胜任进行测试。

评价中心是“二战”后快速发展起来的一种人员素质测试的新方法。评价中心是一种包括很多种测试方法和技术的综合测评系统。它主要是针对特殊的岗位来设计与实施相应的对策和技术。在候选人按照情景角色要求处理并且解决问题的过程中，评价者可以根据多种方法或技术的要求，观察和剖析候选人在模拟的不同情景压力下的心理、动作行为表现，测量以及评价候选人的能力、性格等素质特点。简而言之，就是把候选人安置于模拟的工作情境中，由多个评价者采用不同评价技术来细心观察一个或多个候选人在此种状态下的心理或行为的办法。

评价中心区别于我们传统的纸笔测试、面试测试等方式。它主要运用无领导小组讨论与公文筐以及角色扮演等情景模拟科技，再加上一些传统的测试办法，对人的知识、能力、个性、动机进行测评，以便于能够在静动态环境中提供多方面有价值的测评资料和信息。

而H公司作为中小企业，本应该依照自身情况选择恰当的测评工具，即综合企业自身的管理水平和经费等实际情况找出匹配本企业的情况并且符合本企业要求的测评办法。利用这些方法有针对性地对各岗位胜任特征进行测评，提高H企业面试的有效性，发挥出了根植于胜任特征模型的评价中心技术的真功夫，为企业招聘选择优秀人才做出了技术上的确保。

随着我国经济的迅速发展，私营企业、民营企业等中小规模的企业发展迅猛，我国的中小企业已经在全国的企业总量中占有非常高的比例。

中小企业通常规模都比较小，不管是在生产规模上，还是在人员、资产持有量上，还有影响力方面都要弱于大企业，并且总是没有办法提供比大企业更为丰厚的报酬和福利，所以对人才的吸引力也比不上大企业。那么中小企业怎样才能在人才竞争潮流中占有一席之地，并且最大可能地招募到自己所需要的人才呢？本案例对H公司招聘工作进行剖析，并提出了改进策略，这对类似中小企业的人才招聘工作具有一定借鉴意义。

第五章

员工培训再造：让每一位员工都成为“明星”

企业培训是企业和针对企业开展的一种提高人员素质、能力、工作效益以及对组织的贡献，从而进行的有计划、有系统的培养和训练活动。目标就在于让员工的知识、技能和工作方法以及工作态度，还有工作的价值观得到改进和提升，以便于发挥出极大的潜力，提升个人和组织的工作业绩，推动组织和个人的不断前进，实现组织和个人的双重发展。所以，企业培训对企业的发展和成长具有非常重要的意义。

企业培训，企业最明智的投资

培训的作用不可忽视。培训能够留住人才，培训能够吸引人才，培训能够开发人才，培训甚至能够增加不可评估的有用价值。

身为一名企业管理者，培训员工是一项重要的工作职责。它不仅可以使员工丰富专业知识，增强业务技能和改善工作态度，从而更好地完成工作任务，还可以增加员工对工作的安全感和满足感，使他们感到工作有动力，减少员工的流失。

那么，企业管理者要培训好下属，应该明白以下两种观点。

1. 积极主动地当下属的教练

通常，许多管理者认为，培养部属在团队中属于重要但不紧急的事。而且认为很费时间，往往被企业管理者忽略而“忙”别的事。这样做会造成恶性循环：部属越是能力不足，领导越是不敢授权，结果造成领导更忙，部属更帮不上忙的现象。

如果说领导者真的没有时间，那也直接说明他对时间管理缺乏技巧，而不能作为不培训的理由。退一步说，工作过程本身就可以是一种培训。培训不仅仅是在专门的培训场所进行，工作中才是培训员工的最佳方式。如果工作很多，就与部属共同分担职责，让部属尝试没有经历过的工作。那么，他们在做这个工作时，就可学到新事物、培养出新能力。如此，让部属分担不曾经历过的业务，不仅可以完成工作，同时也可以培训人才。

企业管理者若能积极主动地当下属的教练，在工作中指导下属，也能实现培训的目的，并带来意想不到的收获。

一个成功的教练需要通晓以下四项基本技能：传授、咨商、绩效评估、业绩辅导。

（1）传授

它是企业管理者将做好一份工作所需要的专业知识、技巧及方法通过有系统的整合、规划成有成效的训练模式；再通过制度的配合及执行成效评估毫无保留地传授给部属，使他们做好分内工作。传授的要点有二：因材施教和激发创意。

（2）咨商

下属学得专业知识及方法后，如何才能排除人为、环境的困难，将专业技能应用于工作中呢？此时便进入员工辅导最重要的阶段——咨商。

咨商是企业管理者协助部属培养个人解决问题的能力。企业管理者有好的咨商能力，可以在下属个人问题变成严重危机前先予以化解，预防人员的流失，并建立员工的忠诚度及对企业的向心力。

（3）绩效评估

当下属因你的咨商而建立高品质工作能力后，辅导的下一个阶段，便是运用绩效评估的方法及技巧，来认同下属克服瓶颈所做的突破性努力。所以，绩效评估具有正面及长远的意义，它是激励下属不断奋发向上的有效方法。

（4）业绩辅导

业绩辅导是“以人为本”的管理方式。它要求企业管理者通过建立良好的关系和令人鼓舞的面对面的交流来密切和员工的关系。它要求你不停地转换角色，迫使你积极参与员工的工作。业绩辅导更多地依靠良好的提问、倾听和协调技巧。

2. 以身作则，做下属的榜样

从普通员工的角度来看，他们不希望自己的直接领导者是一个“光说不练”的人，对别人提要求时，总是侃侃而谈，但当事情轮到自己头上的时候，却往往临阵退缩。这样的企业管理者很难赢得下属的信任。下属一旦认为自己的上司是一个言行不一的人，就会对公司整个管理文化进行否定，既然自己的上司是一个可以“应付”的人，那我就没有必要为了工作投入自己的全部精力。

反之，对于一个“教练型”的管理者来说，遇到困难，他总能冲在最前边；遭遇挫折，他又从不推诿责任；面对困惑，他又能集思广益，集合大家的力量去寻求问题的解决方法。这样的人，总能鼓舞大家的士气，最大限度地调动大家的积极性，取得最好的管理效果。成功的领导，在于99%的个人威信和魅力展示，以及1%的权力行使。而这种威信与魅力的来源，正是领导自身的行为。

美国著名将领巴顿将军曾有一句非常著名的话：“在战争中有这样一条真理：士兵什么也不是，将领才是决定最终胜败的一切……”他为何会有这样的观点？看完下面的故事，你也许就会明白其中的原因。

当时的巴顿还在担任一个中级军官，一次，当巴顿带领部队行进时，汽车陷入了泥潭。巴顿喊道：“你们这帮混蛋，赶快下车，把车子推出来。”

听到命令，所有人都下了车，开始用力推车。在大家的努力下，车子很快被推了出来。这时，当一个士兵准备抹去自己身上的污泥时，他惊讶地发现身边那个同样弄得浑身是泥的人竟然是巴顿本人。

这个士兵将这件事情一直记在心里。直到巴顿去世，在他的葬礼上，这个士兵才对巴顿的遗孀谈起这件事，这个士兵最后说道：“是的，夫人，我们敬佩他！”

看完这个故事，再来回顾巴顿那句名言，也就不难理解他话里所蕴涵的深意了。士兵的状态是决定战争胜利的关键，不过要想令士兵保持良好的状态，首先领导者自己必须作出最好的表率。这个道理不仅仅在军队适用，在任何一个组织中同样适用。凡是能够带好团队的领导者，必定是以身作则的领导者。

那些能够做到以身作则的管理者，可以通过亲身实践及时发现工作中存在的一些问题，因此可以对工作中的一些问题进行及时变更，从而确保公司管理政策能够最大限度地与现实相结合，以此推动公司经营活动的有效开展。

有一家公司，其中一个生产部门工作效率总是非常低，不能达到理想的效果。为此总部有针对性地采取了一系列的改革措施，比如，改进生产技术、加强监督，但都没有起到理想的效果，最后公司决策层经过考虑，决定更换部门主管，看能不能有所改善。

这位新上任的主管到达工作岗位后，并没有急于开展自己的改革措施，而是进行了一系列的调查。在走访的过程中，他发现这个部门员工的工作积极性都非常低，各个生产环节之中，也存在互相推诿的情况，员工普遍欠缺责任意识。

对情况有了基本了解之后，这位主管开始了自己的改革。他首先宣布，自己要到生产一线从事工作，要和大家站在一条线上为改善部门业绩而努力。这一消息引起大家强烈反响，因为这是以前管理者从来没有做过的事情。在他实践的过程中，同时也对生产一线的情况进行了了解，反馈回很多有效信息，并据此对工作方针进行极大调整，推出了有诱惑力的薪酬激励机制来激发员工的积极性，明确员工的考核，让每个人都明白自己身上所肩负的责任，在他的努力之下，整个部门生产状况获得好转，公司的最高决策层对这一变化的发生也感到非常满意。

管理者是一个企业或者团队的先锋，也是企业文化和价值观的最直接体现，自己的工作能力、方式、思维方法甚至喜好都会对企业成员产生莫大影响。作为管理者，一定要认识到自己的标杆作用，以对自己的严格要求和对工作的积极态度，来对整体工作进行最大支持。

创新型企业培训方法

现代企业日益重视对员工的培训。可是培训员工已不仅仅是为了提升员工技能从而提高产能，而是成为企业吸引人才与培养人才以及留住人才的有效手段。尽管快速上涨的培训费用已成了企业一大支出，可是在人才竞争的当今时代，大多数企业家仍然坚信，这种培训投入是很值得的。

下面介绍两种新型企业培训方法。

1. 体验式培训法

体验式培训可以让人们在培训中展现其真实的行为。

倘若您觉得在水中游泳或玩大块拼图游戏是一种奇特的管理培训方式，那您显然是少见多怪了，至少您没参加过体验式培训。别具一格的管理培训课程培养参加者的创造力，并挑战他们的忍耐极限。

体验式培训一般由专门的培训机构开展实施，国泰公司就是其中最有名的一家。这家体验式学习公司专门培训员工跳出框外进行思考。它目前在中国及日本设有办事处。其课程安排通常为期 3 天，并在一些偏远的地点举行，

如在位于中国长城脚下的乡村、杭州西湖边上或静谧且风景如画的香港大屿岛上的培训学校。该公司不会在平淡无奇的酒店空调会议室举办讲座，既不使用投影仪，也没有生动的电脑图表。

国泰公司中国办事处总经理布朗说：“我们采取的是体验式培训，让人们在培训中展现其真实的行为，采取辅助技巧，协助参加者分析、讨论他们在活动中的行为，并带回到他们的工作场所中。很多参加者都是工商管理硕士，一般都是非常精干的年轻人。但是他们缺乏交际技巧、主动性及创造性。这些是他们所受教育中没有提供的。”

一般每个培训小组由自管理层往下的多名成员混合而成，这是个优良组合，每个人的穿着都很随意，乍一看没人能知道谁是上司。

另一条件是培训地点应当远离工作场所。美国汽巴公司香港染料部经理西蒙斯对此深有感触，他在6个月之内让包括他自己在内的80名员工参加了国泰课程。他说：“没有电话搅扰，甚至没有移动电话，简直太妙了。”

通常情况下，国泰课程是企业更大培训项目的重要部分。诺基亚的中国公司在12个月内分别举办了4次国泰课程，对象是新招聘的员工，旨在让他们建立对彼此的信任感及承诺。

虽然这些管理技巧源自西方，但是这类培训在很多国家和地区都是适用而且受到了欢迎。另外，培训练习活动的失败比成功能教给人们更多东西。

在一个真实的案例中，一家跨国石油公司想从竞争对手手中夺取市场份额。但是它的四个独立的中国办事处却没有共享的目标，没有采取一致的提高销售额的方式。在国泰看来，解决方案就蕴藏在一个1小时的练习中。练习使用的道具包括橡胶手套、一条绳子、一个弹力橡胶管及放在水桶上的一杯水，水桶则放在一个大绳圈内。

布朗解释说：“练习的目标是将杯子（代表顾客）从水桶（代表竞争对手）上移开，运用所提供的道具（创造性和主动性）将杯子安全移到圈内的四块小木板上（企业的服务中心）。”

“您不能进入圈内，只能使用那些工具。这个练习意在表明，如果您不小心对待顾客，您就会失去他们的忠诚，即洒掉此处的水。我们鼓励学员使用商业用语来替代道具的原来名字。”

“在这种练习中，每个人必须精诚合作，具有战略眼光。您不仅要接受现状，还要与他人共享信息，并让每个人都参与进来，就像从事商业活动一样。”

在国泰的客户看来，其中的挑战在于参加者将水杯挪开是对他们各自工作场所的恰当比拟。这意味着要创建各种框架，使秘书或一线销售人员能渐渐把握做好业务的观念，或创造使员工可以畅抒己见的氛围。

“这些培训活动及建立团队的方式简直太有意思了，”布朗说，“人们喜欢他们的培训地点和玩的游戏。但是活动研讨以及研讨如何反映日常工作至关重要。作为一名辅助者，我观察了大量细节，然后向组织者反馈他们下次如何能做得更好，他们按着做了。”

国泰的其他训练是针对突破个人局限的。对西蒙斯来讲，这种突破就是在攀登荡来荡去的绳梯时克服对爬高的恐惧。在国泰举办的第一期培训课程中，他只能爬三级，但是在随后的课程中，他爬到了顶端。汽巴公司在设计国泰公司课程的框架时，其准则是团队协作和冒险。

西蒙斯强调说：“学员虽然感到紧张，但是不怕丢面子，因为失败了也没什么，这更像是在说‘我要试试’，并向您的恐惧挑战。”

像国泰公司这样的体验式学习公司大量出现，它们设计的培训课程获得了企业的广泛欢迎。这种创新的培训形式，在促进员工交流合作方面成绩斐然。

2. 野外拓展培训法

通过野外拓展培训，可以加强员工与企业的沟通与信任，营造良好的团队氛围，挖掘员工潜力，熔炼团队精神，增强企业核心竞争力。

由于现在是信息时代，任何事物的发展都不能局限于之前的模式，而是要进行拓展培训。与传统的知识培训和技能培训相比，拓展培训主要是在野外开展，通过多项活动来加强员工与企业的沟通与信任，营造良好的团队氛围，挖掘员工潜力，熔炼团队精神，增强企业核心竞争力，在大家的共同努力下，促进企业更好地发展。

近年来，拓展训练开始在中国流行开来，尤其是那些平时工作压力大、知识密集型的高科技企业，都竞相组织员工到野外参加这种拓展式培训，既让员工在紧张的工作之余享受了野外清新的阳光和空气，又利用这种拓展培训加强了员工之间的沟通与合作。

拓展训练，也称“外展训练”，就是驾着一艘小船离开安全的港湾，驶向勇敢的探险旅程，去接受挑战和战胜困难。在20世纪40年代，拓展训练起源于英国。当时，由于受到德国潜水艇的袭击，英国的很多军舰都沉没了，而大多水兵也丧生，只有很少的人幸存下来。为什么其他人死了，而这些人生存下来了呢？通过观察发现，不是因为这些人的体能好，而是因为他们有着非常强的求生意志。因此，拓展训练逐渐被推广开来，最初的训练对象是海员，后来逐渐扩大到军人、学生、工商业人员……最初的训练目标就是体能、生存训练，而现在扩展到了心理训练、人格训练、管理训练……

现在，崇山峻岭、瀚海大川等自然环境是拓展训练的首选之处，人们通过各种精心设计的活动，在解决问题、接受挑战的过程中，使学员达到“磨炼意志、陶冶情操、完善人格、熔炼团队”的培训目的，是一种现代人和现代组织全新的学习方法。

拓展训练的课程主要包括三类：水上、野外和场地。游泳、跳水、扎筏、划艇等是水上课程；野外课程包括：远足露营、登山攀岩、野外定向、伞翼滑翔、户外生存技能等；场地课程是在专门的训练场地上，利用各种训练设施，如高架绳网等，开展各种团队组合课程及攀岩、跳跃等心理训练活动。

在中国所进行的户外拓展训练项目主要是引进国外先进体验式教育方法，结合中国企业及个人现状，通过系列的室内、户外活动和游戏等课程，进行问题的分析与探讨，最后解决问题，达到激发个人潜能、建立相互信任、塑造高绩效团队的目的。

在国际上，户外拓展培训被广泛地运用于企业、团体的高绩效团队建设中。什么样的团队才是高绩效的团队呢？当然是那些有着明确的目标，团队成员清楚地了解所要达到的目标，以及目标所包含的重大现实意义；相关的技能，团队成员具备实现目标所需的基本技能，并能够良好合作；相互间的信任，无论是谁都能够相信其他人；共同的目标和誓言，这是团队成员对完成任务的奉献精神；良好的沟通，所有的团队成员一定要交流信息；谈判的技能，高效的团队内部成员间角色是经常发生变化的，这就要求团队成员具有充分的谈判技能；合适的领导，高效团队的领导往往担任的是教练或后盾的作用，他们对团队提供的是指导和支持，而不是命令和呵斥；内部与外部应该相互支持，不仅包括内部合理的基础结构，也包括外部给予必要的资源条件。

如今的社会是一个个性张扬的时代，人们需要合作才能达到目标。拓展训练可以使人们相互信任和鼓励，所取得的成果是大家共享的，而不是个人的成果。

企业培训应做到“七性”

为了使企业的培训工作与企业的生产经营、企业的发展紧密联系，增强培训工作的绩效，避免产生培训上的一些误区，企业的培训工作应当做到如下“七性”。

1. 培训计划的前瞻性

计划成为培训的第一工作，贯穿于整个培训活动的始末，并且表现在培训工作的各个环节中。培训计划是依据企业的需求和培训部门自身的能力所确定的培训工作在一段时间内的奋斗目标。也是一段时间内的培训指导思想、目标、任务和最重要的举措，更是对所有信息和因素的总结，在培训工作中起“纲举目张”的作用。作为现代企业，在制订培训计划时必须前后兼顾，不仅要抓好眼下紧急需要培训项目的开展，还要依据企业开展和技术改革的需要以及职工个人发展目标的实现，做到长、中、短计划相适配，尤其是做好长期规划。不仅要考虑安排的程序要素，留心前后衔接、有条不紊，而且要考虑长远目标。它需要培训部门在制订计划时，必须结合本地区、本行业及企业长远发展目标的特征，长远计划，组建各专业、各工种、各系统相对完善的长期、中期和短期的培训系列计划，以及对培训内容、教材、手段、方式方法、受训对象等组织统筹规划和合理安排，分层次、分类别地组织进行。用来确保企业培训工作系统地、连贯地、有步骤地、分阶段地伴随着企业提前设定的发展目标开展培训工作。防止培训工作开展的随便性、内容安排的盲目性和技能技巧培训的跳跃性，满足人才培养周期性的需要以及预防人才结构的失调，最后达到提升企业培训的效果。

2. 培训目标的明确性

培训目标就是通过培训将要达到的预定成效。即受教育者达到的专业技术及管理者所应具有的综合技能与专业管理技能以及技术操作能力。培训目标具体明白是教学活动开展的前提及考核培训成效的根据。所以，在制订培训计划时，必然要进行细致的教学设计，通过培训需要（包括领导需要、社会需要、个人需要等）的分析测评，明白培训师自身的特点和工作环境的特点，在对各个岗位的工作职责、任务、运作三级分解的基础上，明确胜任岗位工作的岗位专项技能需要和不同岗位不同的能力结构要求，制定出明确的培训成效目标及测评培训成效的指标体系。

3. 培训内容的实用性

培训内容的实用性是指培训的内容必须有用。教学内容的有用原则体现在三个方面：从有用的层面上讲，不只在工作上有用，而且在生活中同样有用；从有用的时间上讲，无论对现在的岗位工作，还是对未来的个人发展及本岗位的技术革新和企业事业的进步等方面均适用，那就是依据在意大利罗马举行的首届世界终身学习会议所采纳的“终身学习”的要求制定培训内容；从内容上讲，不仅有理论的提升，还要重视直接、有效地解决岗位工作以及社会现实生活中的实际问题。所以，内容上的实在作用，不仅是对在职职工、工程技术人员和管理人员知识技能的补充、更新，更是对知识技能的拓展和拔高，是一种知识的积累，是针对性、应用性和创新性的高效统一。绝对不能够选择那些看似重要，可是事实上没有作用或作用不大、针对性也不强的内容。同时，在内容的选取上，更应当注重潜能的发掘，注重培训开拓性的智力和方式，强调创造力的发掘和创造性思维的培养。所以，有用原则是培训课程开展的最重要原则。

4. 培训手段与培训方法的多样性和科学性

当代培训的本质观、价值观、质量观、实践观、时空观等观念为当代培训提供了新的概念。在培训工作中，因为培训对象是成人，所以，必须按照成人知识、技能、心理认知能力及需求的特征，依据具体教学内容和教学条件的差异，采取丰富多样的教学方式和手段，在不同层次、不同内容的培训中，利用知识讲授、案例剖析、经验交流、专题研究讨论、技能培训、角色扮演、专家授课和咨询及自学等具备成人教育特征的教学手段和方法，让整个教学过程双向交流、积极参与、智能互补、经验共享、互相启迪、共同进步，让教学手段灵活多样、培训过程生动活泼。伴随着现代信息技术的突飞猛进，现代信息技术的智能化、多媒体、高宽带、网络化和移动化，为当代培训的管理提出了新的更为科学、更易接受的方法，使教育者和受训者在虚拟空间中的培训内容交流达到与真实空间一样的效果。与此同时，交互式的远程教学为培训师和受训者提供了更多的自由空间，在时间和空间上为现代化的培训提供了技术设备条件。所以，在培训中多媒体技术、远程教育、虚拟教学、网络培训还有仿真培训的广泛应用，使得培训手段更加多样化，时空更加灵活，培训信息处理和储存的容量大，同时准确高效，培训资源可以广泛共享，培训信息可以立刻获取，培训规模得以扩大化，从而降低成本，提高培训成效。

5. 时间安排的紧凑性和灵活性

随着改革的深入，企业人员的精减，使得在职人员的培训工学矛盾更为突出。因此，在培训时间计划的安排上要紧凑，应当根据成人已经具备较为丰富的专业知识与技能、已经具备较高的自学能力与思维能力的特点，满足成人学习速成要求的原则，将自学与脱产学习相结合，将专题辅导与集中短训相结合，精讲精练。培训时间的长短要求做到不能长得使学员失去兴趣，短得不能实现培训要求。同时，在时间规划安排上要灵活，对企业来讲根据企业生产实际在生产间隙、检修间隙和季节性停产间隙进行安排，如企业生产经营任务较为紧张时少安排或不安排，在企业生产经营时间不紧张或生产设备检修与保养时多安排。对个人来讲，将集中学习多放在双休日进行，对于个人的技能考核与岗位资格的考核要求，可提出一个达标的时间要求，由个人根据自身的工作和实际生活的实际自主选择学习的时间与班次，以确保工学矛盾得以缓和，做到工作与学习两不误、学习与工作双丰收。

6. 教学管理严格性与考核的严肃性

严格的教学管理是培训目标得以实现、培训质量得以保证的重要措施。严肃的考核是客观评价受培训者接受与掌握的程度，以及培训措施与计划安排和师资选择是否恰当的重要手段，两者缺一不可。在培训工作中，管理者对教学的全过程必须按规定的要求进行全面的严格要求与管理，无论是对自学或者脱产面授都要进行严格的管理与考核。如学习时间的保证、课前与课后作业的完成与质量检查、日常教学纪律的遵守等，运用人力资源培训基准化测量方法和企业人力资本投资绩效的测量指标进行评估。通过考核、评估与反馈，既可检查受训者的培训效果，也可检查教育者的授课质量与管理质量，不断改进对培训工作的管理，充分保证培训工作的绩效以及育人、用人一体化制度的实施。对于学员成绩达不到评估要求的，必须进行整改、补课。因种种原因达不到评估要求的，不能对其进行相应的技能认定，更不得对其进行上一等级的技能认定，以确保管理的严格性和考核的严肃性，使培训的目的得以真正地实现。必要时，实行考培分离制度，实行科学的、标准化的对培训质量与效果进行全面、客观评价并作出职业技能鉴定的制度，为上岗、晋级、晋升及待遇的确定提供依据。

7. 育人用人的一致性

人力资源的开发是一项系统工程，因此，培训工作必然要从解决体制、机制入手，从企业的长远利益出发，实行人事、劳动、教育等制度的结合，进行统筹安排与管理，使企业的职工利益与企业利益紧密结合，增强职工上岗靠竞争、竞争靠技能、技能靠培训的意识，树立终身教育的新理念，使知识、能力成为就业上岗和收益分配的要素。实行培训、使用、考核与待遇等育人、用人一体化制度和岗位资格证书制度，即先培训后上岗、先培训后就业、先培训后提拔任用，把培训纳入任期目标考核，并与任用及奖惩挂钩。这样做首先从组织上加深了对培训重要性的认识；其次增强了学习者的动力，为受训者技能的提高并进入新一级的技能等级提供了制度保证；也有利于将先进技术应用于本企业的实践并转化为生产经营能力的制度，真正建立以需求为导向，多层次、多渠道培养人才的培训体制和使优秀人才脱颖而出的人才机制，实现企业培训的最终目的。

培训不是走过场，培训要有计划

培训不是走过场，培训要有计划。没有计划的培训非但不能带来积极的作用，反而会浪费企业的金钱和时间。那么，在说明培训的计划之前，我们先看一下沃尔玛公司的培训计划。

沃尔玛为各个部门建立完善的培训体系并提供专业系统的培训课程，可简单分为如下两类：一是工作所需的专业技能培训，如新员工岗位职能培训、新店管理层培训、营运管理培训、部门专业知识培训、采购谈判技巧培训、物流知识培训等。二是提高个人素质和管理能力的培训，如领导艺术系列培训、顾客服务系列培训、跨部门轮岗培训、跨部门公开课及培训、培训员课程等。此外，根据各部门的现状和实际需求，还开发和提供一些专题培训和新的培训项目，如零售培训店、鲜食学院、沃尔玛高级采购培训项目等，以更好地支持公司实现其战略目标，从而帮助所有员工不断成长，培养沃尔玛的未来领导人。

从上述可知，沃尔玛公司的培训计划非常详细，而且目标非常明确，这样的培训计划可以在最大程度上被企业利用。那么，企业领导者应该怎样制订有效的计划呢?

1. 确定培训内容

在进行员工培训之前，应事先确定培训的内容，以使培训工作更有指向性，一般来说，企业的培训有如下内容：

（1）知识

通过知识培训，应该使员工具备完成本职工作所必需的基本知识，而且还应让员工了解企业经营的基本情况，如企业的发展战略、目标、经营方针、经营状况、规章制度等，便于员工参与企业活动，增强员工主人翁精神。

（2）技能

通过技能培训，使员工掌握完成本职工作所必备的技能，如谈判技能、操作技能、处理人际关系的技能等，以此也能够培养、开发员工的潜能。

（3）态度

员工态度如何对员工的士气及企业的绩效影响很大。必须通过培训，建立起企业与员工之间的相互信任，培养员工对企业的忠诚，培养员工应具备的精神准备和态度，增强企业集体主人翁精神。

2. 确定培训项目

（1）确定培训项目的必要性

科学、准确地选定培训项目，是开展培训的前期工作。培训项目合适与否，对整个员工培训工作影响很大。一个企业有必要开展组织培训工作，就意味着该企业内部出现了薄弱环节，必须采取某种培训项目来弥补。

具体可以从两个方面来发现企业开展培训的必要性和现实性。

第一，从员工方面来看，当某项工作的要求与员工现有的知识、能力、态度出现差距时，就有必要进行培训。

第二，从企业整体来看，当企业的目标与实现这些目标所必需的条件出现差距时，为消除这些差距就必须组织培训。通过以上的比较分析，发现企业现状与理想状态之间的偏差，从而明确培训工作的必要性和方向性，有针对性地举办培训项目。

（2）工作分析

经过上一阶段的比较分析，大体上掌握了企业举办培训项目的方向性。但至于培训的工作量到底有多大？需要给员工补充哪些知识、培训哪些技能？这就要通过工作分析来进一步确定。

在企业管理中，工作分析的应用范围很广，可以用于员工操作方法的分析与改进、企业组织结构的确定、工资标准的核定、员工培训等多方面，但其一般原理都是相通的。

针对企业员工培训的不同要求，具体运用工作分析的方法也有所不同。以下介绍几种主要的工作分析方法。

①任务分析法：这种方法是通过对某项任务进行系统的分析，找出工作难点，以此来确定相应的培训项目和培训方法。采用这种方法，要先把某项任务进行分解，逐项分析，判断各项的难度和重要性，有针对性地选用不同的培训方法。

②缺陷分析法：如果某项工作的事故、缺陷较多，这时就可采用缺陷分析法。这种方法通过对工作中事故和缺陷产生的原因进行分析，采取针对性的培训方法消除工作中的事故和缺陷。

③技能分析法：技能分析法是用以分析非管理性工作最常使用的一种方法，它既适用于对简单工作的分析，也适用于对复杂性工作的分析。这种方法的关键之处在于其系统性，从而为培训项目的设计提供充分的资料依据。

通过以上这些工作分析方法，就可以对员工工作的实际状况与理想状况进行对照比较，发现两者的差距，确定相应的培训任务和培训项目。

（3）不同层次人员的培训项目

在一个企业内部，由于各类人员的工作性质和工作要求不同，各有其独特性，因而对这些不同类别的人员的培训，在培训项目的安排上就各有其独特性。

3. 选择培训对象

准确地选择培训对象，不仅能降低培训费用，而且能够增强培训效果。在选择培训对象时，应重点考虑以下人选。

（1）新进员工

对新员工进行培训，可以使他们顺利地进入工作状态，有一个良好的工作开端，为企业的发展贡献力量。

（2）有能力且符合企业发展的人

有能力且符合企业发展的人是企业的技术骨干，是更新知识或发展成为复合型人才的需要；是转岗的需要，可以担当或胜任新岗位的工作。

（3）有潜在能力的人

有潜在能力的人，具有一定的创新能力和创造力潜质。对他们进行培训，目的是挖掘和激发其潜在的才能。企业往往期望他们通过培训，掌握各种不同的管理知识和岗位技能，让其进入更复杂、更重要或更高层次的工作岗位。

4. 为员工制订自学计划

学习计划是员工自学时制订的协议，内容包括打算学什么，如何学以及在学习中打算采取的学习工具、资料等，还要指明怎样对结果进行衡量。

这个协议当然是由员工自己决定的，但领导者也不能置身事外，应注意帮助员工学会如何实施这一过程。因此，这份协议通常是员工与领导者讨论后制订的。重点在于要让学习活动与员工的工作以及个人需求密切相关，并与有关的培训项目的目标相一致。每一个学习目标应制订一份单独的学习计划，每一份计划的内容应该尽量简明。

应当记住，通常不可能在计划中列出所有条目，因为对寻找学习的过程本身就可能发现新的更有用的学习工具或更有成效的方法。同时，对初始的目标不加过多限定，以便沿着新的途径去寻找解决方案。

5. 实施学习计划

（1）明确学习主题

员工首先要确定他们工作中想要进一步提高的一个方面。如果他们不知道从哪儿开始，能力描述是极好的参考资料，可以帮助他们确定学习需求。

（2）将广义的培养需求定义成特殊任务

考虑所有目前认可并愿意采用的学习方式，并将能力的发展定义为一项任务，应该在员工同意的情况下规定任务的完成时间。

较为合适的学习任务可以包括阅读或听磁带。但如果员工已经有过多的计划，可能需要采用提高效率的方法，也许要咨询专家。

关键是应使任务能够完成。在自学中最大的难点在于员工常常是贪多嚼不烂，目标定得过于庞大。

（3）将目标具体化

目标应详细而精确，尽可能用术语描述并附以事例。但要注意，由于员工确定概念和战略时可能苦于漫无头绪，在早期阶段易将学习目标定得较为松散、抽象。当他们心里对计划比较有数时，领导者可鼓励他们将目标详细化。

（4）指定学习资源

根据现有学习工具和既定学习目标，采用好的学习工具以帮助员工自学。

学习资源包括书籍、磁带、录像带、教科书、杂志和其他媒体，还包括专家、学习的目标、调查问卷、自我评价调查表和前人经验。

（5）确定成功依据

尽管计划对员工有益，也要对这些计划做出详细的说明。学习过程中经历了什么，以及他们学到了什么。然后，领导者要对此做出反馈并指导他们下一步的做法。

自我培训要坚持不懈，有一股滴水穿石般的韧劲儿，另外，还要全面发展，如此长期坚持，必有成就！

要想真正实现员工的自我培训，团队必须做好各方面的准备，建立健全培训激励机制，从制度上对员工的自我培训进行激励。

有效培训注意的几个要点

要做到有效的员工职业培训，需要注意以下几个要点。

1. 帮助下属分析职业发展生命周期

关于生命周期，很多人往往局限于个人的生理周期，即婴儿、儿童、少年、青年、成年、中年、老年。事实上，从另一个方面来说，人生也是一个周期，如职业生涯的生命周期。与生理周期相比，职业生涯的生命周期有着很大的不同，它主要是从事业的角度入手，将特定个人的几十年划分为五个周期（见图5－1）。

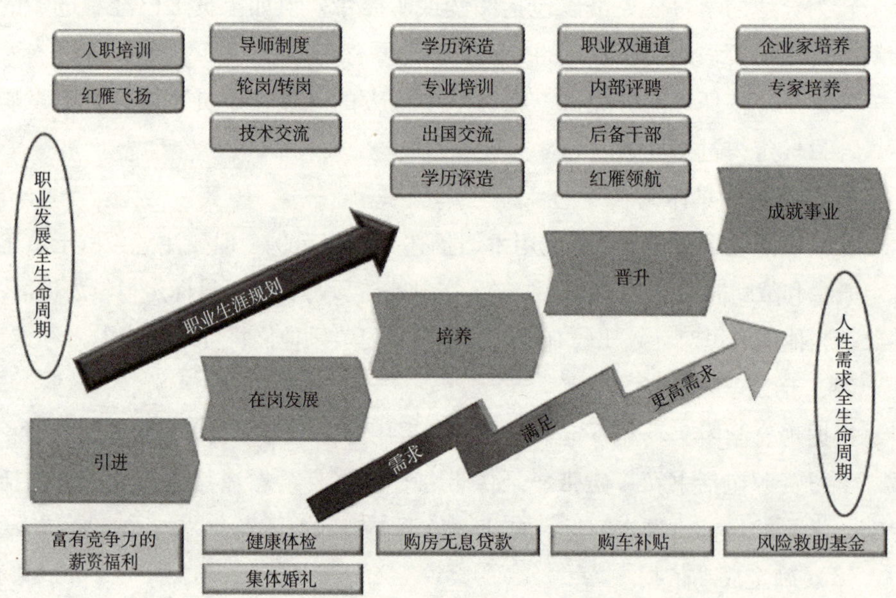

图5－1　职业发展全生命周期

从表面上看来，人生好像就是为了完成一系列特定的任务而存在的。在某一个特定的生命周期阶段，人生会有独特的任务。如成长期的知识学习；导入期的工作学习、成家；发展期的事业定型与成熟、生育儿女；成熟期的事业达到顶峰、操心子女的发展问题；退休期则是颐养天年。

而职业生涯生命周期的核心是个人事业的发展。由于个人的收入是由事业的发展决定的，人的支付能力是由收入决定的，而人生任务的完成情况则是由支付能力决定的。

其实，任何事物的发展都具有阶段性。企业也不例外。营销学将这种阶段性定义为企业的生命周期。现在我们所熟知的很多大企业都是从小企业发展而来的。在这个过程中，有四个发展阶段：创业阶段、集合阶段、正规化阶段和精细阶段。

创业阶段主要是企业现场管理的形式经营自己的企业；集合阶段是企业规模扩大，此时老板不可能对企业进行现场管理，而是需要在企业内部进行正式的管理；随着企业规模的进一步扩大，简单的正式管理也不适应了，必须设计合适的组织结构，全面进行正规化管理，企业就进入正规化阶段；进入正规化阶段之后并不代表什么事情都没有了，此时是企业内部官僚主义滋生和发展壮大时期，这会导致企业失去发展的活力，此时领导应该做的就是调整企业，根据实际情况，划小组织结构单元，进入精细管理阶段，只有这样，才能充分发挥员工的积极性和创造性，促进企业不断发展。

无论企业发展处于何种阶段，稳定期和变革期是其必然经历的时期。在稳定期，由于企业采用了新的策略，所以企业得到发展；而变革期出现是因为很多策略并不适应企业的发展，只能进入新的发展阶段。

其实企业的发展与个人的发展有很多相似之处，都是从低到高，从小到大。在发展过程中，一定要想尽各种办法来维持和促进企业发展。

2. 对下属进行有效的纪律培训

执行力来自于服从意识，服从意识来源于铁的纪律！从图 5－2 可以看出企业的执行与服从都要以严明的纪律为基础。

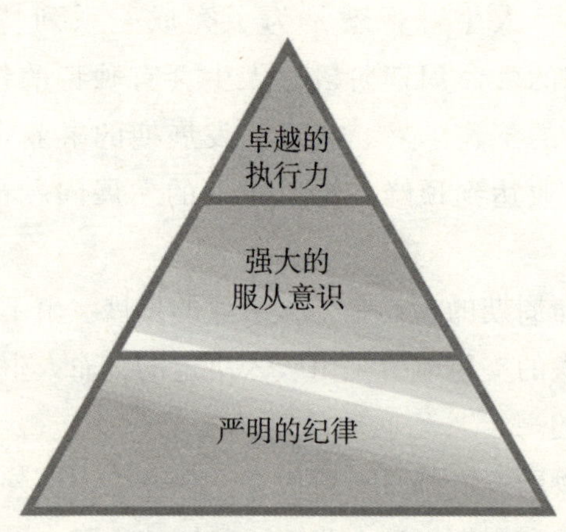

图 5－2　有效的纪律

“没有规矩不成方圆”。不管在企业或事业单位，纪律都是管理中必不可少的一个重要方面。纪律在组织中有着至高无上的地位，单靠礼和情并不能完全领导好下属，只有依靠纪律才能把公司的正常业务开展起来。因此，企业领导对员工进行纪律培训是理所当然的。

奖也好，罚也罢，活动开展得轰轰烈烈，可很难在实际工作中收到效果。这是因为领导者没有对下属进行有效的纪律培训，没有使员工认识到纪律的重要性。作为管理者，应该如何对下属进行培训呢？

（1）有法必依，令出必行

要培养一支能征善战的队伍，首先就要从军队的纪律抓起，以法治军、以规治军才能提高部队的战斗力。严格的纪律，有法必依，令出必行，不仅是将帅的性格，也应是管理者必备的素质。

（2）不断地督导下属，从他们的生活抓起

在下属用餐时，你就可以组织一个检查班子，看他们是否很讲究卫生、打饭前碗冲洗了没有。如果没有的话，就把他的做法纠正过来，让他养成遵守纪律的习惯。再例如：在员工的宿舍里，就应该要求他们随时保持整洁，制定的标准要具体一些，检查时要严格一些。

制定了如此一系列条例后，还需定期进行检查，评出优、良、差，或者用打分的形式，以保证条例得以贯彻。如果单位条件许可，也可以每年对员工搞一次军训，这样就可以强化纪律，达到培训的目的。

3. 别忽视自信心的培训

自信，可提高个人的工作意念。自信心就像能力的催化剂一样，它可以将人的一切潜能都调动起来，将各部分的能力推进到最佳状态。自信能排除各种障碍、克服种种困难，使事业获得完美的成功。1937 年，获得诺贝尔文学奖的法国作家杜伽尔说：“我力量的真正源泉，是一种暗中的、永不变更的对未来的信心。甚至不只是信心，而是一种确信。”管理者一定要努力培养员工的自信性格，从而帮助员工时刻保持轻松的心情，敢于直面各种困难的考验和挑战。管理者要指导员工克服自卑心理，产生自信心，必须由多方面切实施行。

（1）列举他们的优点

人有了自卑感后，即使有能力也难以发挥出来。其实，除了少数能力特别突出的人外，其余人的能力相差并不大。如果能让他们增加信心，消除自卑感，他们甚至可以取得与能力强的人一样的成果。所以，领导要亲近这些人，多与他们进行交流，列举他们的优点，证明他们并不比别人差多少，也一样可以干得很出色，从而激发他们的上进心和自信心。

（2）找一些比较容易的工作让他们干

安排工作时，找一些相对比较容易的工作让他们干，完成得好，出了成绩，哪怕是小小的成绩，也要立即表扬鼓励他们，让他们从自己的成功中看到希望，增强信心。随着其能力不断提高，对他们的要求也应不断提高。相信过不了多久，他们的能力就会有很大的提升。

（3）比对别人多花一点精力

对自卑感强的下属，需要比对别人多花一点精力。给其他下属布置工作，交代清楚就可以了；给这些人布置工作，要更明确、具体一些，不仅要交代任务，而且要教途径、教方法。在其完成任务的过程中，要加强指导，帮助他们克服困难、清除障碍，使之不断增加经验，满怀信心地发挥自己的才干。

需要指出的是，身为上级领导，你不能手把手教他们一辈子，必须在提高他们自身能力上下工夫。也就是说，对自信心低的人，最好的办法是使他们学会多动脑筋，“自己飞起来”。

（4）不要损伤他们的自尊心

能力低的人自卑感强，自尊心也很强。面对这样的下属，安排工作时不要损伤他们的自尊心。需要批评时也要婉转，否则容易使他们产生敌对心理，或从此自暴自弃、破罐破摔。

不要让培训成为一纸空文

培训的目的是使员工获得相关的知识和技能，以期得到更好的工作表现。但是事实往往并不如人所愿。有些培训仅仅是流于形式，只是空架子而已。那么，作为企业管理者该如何避免这种情况的出现呢？

1. 制定适合员工的培训机制

由于员工在职务高低和工作内容上有所区别，为了使培训收到应有的成效，领导者必须制定一套合理的培训机制，以适应不同层次和类型员工的需求。举例来说，按照职务的不同，分别对文员、组长、主任进行培训；按照工作的不同性质，分别进行财务、管理、企划、市场营销、人事、生产管理等方面的培训；根据工作的特别需要，对员工进行特别培训，如公司教员培训、教育负责人培训、修养教育，等等。

IBM 始终坚持为不同的员工制订不同的培训计划，试图用最合适的方式激发员工潜能，实现员工的最大价值，同时也给企业带来最大的收益。

新员工进入 IBM 以后，首先要进行 4 个月的集中培训，培训内容包括 IBM 的发展历史、规章制度、技术和产品工艺、工作规范和工作技巧。培训采用课堂授课和实地练习两种形式。培训结束后进行考核，合格者获得结业证明，不合格者则被淘汰。4 个月后，受训者有了一个 IBM 员工的基本概念。但是，要成为 IBM 的正式员工，还要经过一年的实习。实习期间公司会给每个新员工派一位“师傅”，一对一地进行教学。并且，要定期向人力资源部和新员工所在部门反馈实习情况。实习结束后员工要做工作计划和个人发展计划，提出继续做现在岗位工作的深入计划或变换岗位的计划以及职业生涯发展计划。

IBM 提倡员工边工作边学习，或者在业余时间参加各类课程学习，以提高工作效率和个人发展潜力。员工可以提出自己需要去参加哪些内容培训，只要与工作有关、合理，公司一般都会同意并给予经费。这就有效地兼顾了企业和员工两个方面的培训需要。

2. 尽量为员工的培训提供支持和帮助

培训是一件涉及诸多方面的事情，如果缺少了某些必要的支持和保障，有效的培训就无从谈起。这就是说，领导者应当为员工的培训提供各种保证，以便使培训能够顺利进行。这其中包括培训设施的投入、培训时间的保证等。

3. 确保员工能够从培训中学到有用的东西

员工培训是出于工作的需要，然而，有效的培训不能仅仅依靠领导的意愿和热情，更重要的是使培训带来实际的收益。在对下属进行培训之前，领导需要判断哪些人真正需要接受培训，哪些人能够真正从自己接受的培训中受益，培训的具体目标是什么，提高整个团队在哪一方面的能力。让我们来看看英国航空公司在这一点上是如何做的。

1980 年前后的那段时间对于英国航空公司来说无异于一场噩梦：公司连续两年大幅亏损，糟糕的经营绩效使它的乘客们称这家航空公司为“血腥恐怖”的公司。为了彻底扭转这种糟糕的局面，新上任的总裁科林·马歇尔决定采取措施。在经过了考察和分析之后，他得出结论：服务质量不高是问题的症结所在。于是，他在公司上下展开了一场大规模的培训行动。培训中始终强调的核心是：任何一种竞争优势都必须存在于它为顾客提供的服务之中。培训的结果是积极的且显而易见的。利用相同的航线、相同的工作人员、相同的技术，英航一举转变为世界上最受欢迎的航空公司之一。在科林·马歇尔看来，这是那场培训的力量，因为员工们从培训中学到了对他们有用的东西。

4. 让员工积极接受培训

有些员工并不喜欢培训，不喜欢接受新任务或是对新工作没有信心而抗拒培训。此时，领导就要激发受训者的培训愿望而使培训达到预期的效果。那么，领导如何做到这一点呢？

（1）提升受训者的自信心

使员工了解培训的目的在于提升他们的成效，并不是找出他们在某些方面能力的缺陷。在真正开始培训之前，更要尽最大可能地向员工提供关于培训计划和培训目的方面的有效信息。还要向员工声明和他们从事类似工作的某些同事已经成功地完成了培训。告诉他们培训是处在他们自己的调控之下的，他们有实力也有义务去克服在培训过程中所面对的所有学习难题。

（2）让员工明白培训的好处或效果

培训单位通过和员工进行沟通，让他们明白参加培训项目将会给他们带来工作方面和个人方面还有职业方面的收获，只有这样做，才会有利于强化员工的学习兴趣。

（3）让员工清晰培训需要、职业兴趣和职业目标

培训单位为了使员工有充分的激情去学习培训知识，就一定要使他们明白自己在技术能力方面存在的缺陷，还有在培训计划和修正他们个人的不足之间是存在很多联系的。

使员工们懂得他们自己因为什么原因要参加培训。这一条件可以通过以下几个方面的努力来完成：

- 培训方和员工共享绩效评价资料。
- 和员工进行个人职业生涯发展研讨。
- 使员工对自己的技能优势、劣势还有个人的职业兴趣和发展目标评价等。

假如有可能，培训方还可以赠予员工以一定的选择参加某种培训项目的特权。当然必须要让实实在在的培训安排围绕着让员工的学习动力达到最大化这一要求来设计。假如赋予他们进行选择的特权，可是并不能够尊重他们的意愿，那么会对他们学习的热情产生十分不利的影响。

（4）培训内容是为员工在工作中运用新的技术才能提供时间和机会

试想一下，假如培训的内容无法应用于工作中并且对工作有帮助的情况下，学习它又有什么意义呢？谁还会浪费精力和时间去学习它呢？

加强培训实施后的跟进工作

“跟进”是在培训结束之后的一些“善后”工作。培训之后的跟进工作

最突出的作用便是加强培训成效，还有为下次培训提供更有利的参考价值。除此之外，还可以获取学员反馈信息，激发员工参加培训的积极性等作用。除了以上与培训相关的后勤工作等相关工作以外，最值得我们注意的是学员对培训的心理感受。培训方要聆听并且吸收学员对培训活动的亲身感受或是中肯建议，并以此作为修改的根据，让培训活动开展得更加顺利和完善。这些就是培训之后要做的主要“善后”工作。

学员经过培训实施后的跟进工作可通过以下三个方面进行，那就是获取学员反馈信息、让学员交流学习心得与跟踪并且观察学员工作情况。

1. 获取受训者反馈信息

企业开展培训的目的是想让受训者通过培训提升自身素质和工作能力，并将所学运用于实际工作中，提升绩效。可是，培训的实际效果到底如何呢？只有事实才可以证明。所以，在培训相隔一段时间之后，可从学员那里获得反馈意见。为了获得真实有效的反馈意见，培训方可以给学员的主管发送一份“培训跟进信息反馈表”，让主管与学员共同来填写反馈意见。反馈表举例如下：

各部门经理：

你们好！

贵部门的×××按照原定计划已经参加了我部在×年×月×日至×年×月×日组织的××××××培训项目，本次培训活动重点学习了以下几个方面的内容：

①（略）

②（略）

③（略）

为达到学以致用的目的，请您在工作中尽力安排其实践，同时请您费心观察、统计参加培训后的效果，并于3个月后将有关内容汇总填写。

谢谢合作！

培训部

×年×月×日

反馈信息表

学员 姓名		培训 项目		培训 时间	
培训内容		应用情况		工作成绩	

主管总评：
签名：　　　　　　　　　　　　　　　　　　　　　　　　年　月　日

收集到了反馈信息后，就可以对其加以整理并分析得失，信息资料也应该妥善保存，以备以后再次参考使用。

2. 让学员交流心得

让学员将自己的培训结果在工作中的运用情况，还有心得体会讲出来。培训方不仅可以直接获得反馈信息，而且能够节省时间和精力。具体的形式可丰富多样，不仅能够和学员进行面对面交流，而且能够让参加过培训的学员聚在一起进行交流。

因为每个人的经历、社会阅历、工作经验、受教育程度、学习能力等都不尽相同，致使不同类型的人对同一种技能的掌握程度存在很大差异。所以，让学员们相互交流是非常有必要的。不仅彼此间可以取长补短，也可以让没有参加培训的员工汲取到宝贵经验。最重要的是，培训管理者也可以从他们的交流中获得有利的信息。需要注意的是，心得体会交流时不能使对方感到有压力，像是不让领导在场等，尽量使受训者在自由并且轻松的环境气氛下用真话谈心得、说疑惑。如果不幸造成吹嘘、不说真话的场面，心得交流就没有意义了。

3. 跟踪并且观察学员受训后的工作情况

观察学员同样也是获取信息资料的一种办法。可是观察学员要耗费大量时间和精力，所以对每个学员都进行观察是不现实也是不科学的。只有选择典型受训学员代表进行观察。

观察受训者在接下来工作中的表现最好不能使他们有所察觉。假如他们察觉有人在观察自己，那么非常有可能展现出一些“虚伪”的表象。培训者在观察受训者的时候必须认真细致，观察次数也要多一些，观察频率更要高一些。与此同时，在观察期间能够让受训者主管给他们安排一些最能够运用受训内容的工作，则更容易清楚了解受训者到底从培训活动中收获了多少。

超导链接

新进员工需要培训吗

如今大多数企业刚招聘到新员工就让他们立即开始工作，却不重视新员工的培训。想当然地以为对新员工进行培训是没有必要的，甚至是浪费时间的。难道对新员工进行培训真的毫无必要吗？

新员工培训与开展，也可以称为上岗前培训、入职前教育、入厂前教育，是一个企业所录取的职员从局外人转换成为企业人的过程；是员工从一个团体融入另一个团体的必要过程。员工慢慢熟悉并适应组织环境，同时开始初步规划自己的职业生涯，重新给自己的角色进行定位，开始发挥自己的职业才能。成功的新员工培训和发展已经扎根到了员工的行为和精神的层面，相对于在职培训来说，新员工培训和开展是群体互动行为的始端。

宝洁公司是最重视岗前培训和在职培训的公司之一，他们的培训方式可以给我们很多的启发。宝洁公司会为每位新员工制定个人的培训和工作发展计划：给每个新人机会。新员工进入宝洁后，首先要接受短期的入职培训，了解公司的相关情况。其后，公司还将进行管理技能和商业知识的培训，如提高管理水平和沟通技巧、领导技能培训等。为此，宝洁还建立了“P&G 学院”，请高层经理讲授相关课程。公司会根据实际需要，为每一位新员工进行岗前短期英语培训，聘请国际知名的英语培训机构设计并讲授英语课程。

正式上岗后，公司便会派一名经验丰富的经理对其日常工作加以指导和培训，并且会为每一位新员工制订个人的培训和工作发展计划。在宝洁，每个员工都要不断地参加各种学习及培训。公司还会根据工作需要，选派各部门工作表现优秀的年轻人到美国、日本等地的宝洁分支机构进行培训和工作，使其有更全面的发展。

从上述案例我们可以看出，新员工培训是必要的，作为领导一定要重视新员工的培训。在进行岗前培训的时候一定要按计划进行，只有这样，才能保证工作有条不紊地进行，收到事半功倍的效果。如果想要给新员工设计一个出色的岗前培训计划，最好确定提供什么信息、谁来传授这些信息、怎样传授和何时传授这些信息等方面。

在计划岗前培训方案时，必须清楚：所有的内容都不可能囊括在一天之中。有效的岗前培训应该在新员工加盟企业之前就开始了，并且在新员工投入工作之后继续提供信息和帮助。在具体的操作中，所有的岗前培训会持续很长一段时间，一般包括三个阶段。

1. 录用前

这里的录用前就是新员工在被公司正式录取之前，招聘过程就提供了一个“教育培训时期”，也就是向未来人才介绍企业的背景和经营理念，尤其是介绍该项工作的机会。企业的面试考官通常会向应聘者介绍一般的薪金、工作时间、休假、福利及其他人事政策，这类信息的沟通标志着岗前培训已经逐渐开始。

在申请人接受了这份工作之后，公司就希望与他们保持密切联系，一直持续到他们报到上班。或许，在这段时间内，公司会给申请人写一封接收函，并寄一些企业的其他资料，或者由部门管理者给申请人写一封言辞恳切的信，并寄几份企业内部杂志以增强他们对公司的了解。企业管理者亲自给应聘者打一个个人电话也是绝好的办法，这会让他们感到企业对他的加入感到很满意。

2. 第一天

新员工报到的时候心中会充满很多疑问，也会感到非常紧张。此时，部门管理者应当适当表现一下，不仅要亲自迎接新员工，而且要和他们讨论第一天的日程安排，开始岗前培训工作。在第一天上岗时，只需告知其五件事情即可：

（1）通过一种恰当的欢迎活动，让新员工对第一天记忆深刻。

（2）做相关的登记，填相关的表格，并且对其解释一下薪资和福利。

（3）参观办公室、有关设施或工厂。

（4）向其介绍领导和同事。

（5）让他明白新员工的职责，制定熟悉工作的日程安排。

尽量用积极向上的语气开始和结束新员工的第一天，目的是让新员工下班回家时有一种归属感，并对明天充满期望和热情。如果做到了这一点，第一天岗前培训就成功了。

3. 最初几周

在最初的几周里，部门管理者应当始终与新员工保持良好的沟通关系。这是新员工了解公司运营程序的关键时期，并且试着承担相应的工作任务。所有的员工都期望自己能成为大家的好同事，大家共同努力来提高业绩。同时，这也是新员工表现的关键时期。

如果新员工需要特殊的技能培训才能胜任工作，必须抓紧时间进行。只有这样，他们才能更好地工作。

或许在如此短的时间里，新员工建立了自己的圈子，但不能认为这样就可以了，而是仍要继续帮助他们融入公司的生活。这里需注意的是，提高他们的知名度，尽量让更多的同事认识这些新员工，毕竟以后可能还有合作的机会。

第六章

绩效管理再造：用绩效地图导航

对无论哪个组织来说，怎样有效地调动员工的积极性，发现他们的创造潜力，坚持不断地提升他们的绩效水平，都是非常重要的。员工在工作中的绩效表现是企业实现其发展目标的最基本要素。所以，怎样管理员工绩效就成为管理者十分重视的问题。

认识绩效地图

何谓绩效？从管理学的角度来说，绩效就是组织所期望的结果，它是组织为实现其目标而展现在不同层面上的有效输出。具体包括两个方面，即个人绩效和组织绩效。两者之间有着密切关系，组织绩效以企业个人绩效的实现为基础，但是这并不表明个人绩效的实现可以保证组织绩效。如果组织绩效按一定的逻辑关系被层层分解到每一个工作岗位以及每一个人的时候，此时只要每个人达到了组织的要求就可以保证组织绩效的实现。然而，当组织战略出现失误的时候，可能造成因为个人目标的实现而导致组织绩效失败的情况。

从经济学角度来说，绩效与报酬是组织和员工两者之间的对等承诺关系。员工对组织所做出的承诺是实现一定的绩效。当一个员工走进一个组织之后，有必要对组织所要求的绩效而做出自己的实际承诺。当然这个承诺也是走进组织的前提条件。只有当员工保证完成其对组织的承诺时，组织才会实现当初对员工的承诺。这种对等承诺关系从根本意义上体现出了等价交换的原则。同时，这一原则也是市场经济运转的基本规则。

从社会学角度来说，绩效的意义在于每个社会成员依照社会分工所规定的角色承担属于他的那一份责任。其他人的绩效保障了他的生存权利，其他人的生存权利同时也需要他的绩效的保障。因此，出色地完成他的绩效是所有人作为社会一员的基本任务。

古语有云："川积细流，海纳百川。"这也从某些方面展现了绩效的内在含义。组织绩效的完成和各团队的绩效是密切联系的，当然各团队的绩效又和每个员工所创造的绩效密切关联。假如从本源上来讲，各个层次的绩效实际上都来源于普通员工绩效。与此同时，各个员工的个人表现也和组织与团队分不开。假如没有组织和团队，个人绩效是没有能力实现的。至此可以理解，绩效是一个多层定义的概念。从管理实施的历史角度来观察，人们对于绩效的了解是处于一个进展变化状态的，从简单地规定数量到突出质量再到强调满足顾客的需要；从强调"眼前绩效"发展到强调"未来绩效"。不管是哪一种认识，其足够证明了绩效是对员工在一定时期以某种方式完成某种结果过程的客观反映。也可以说，绩效包括了员工的工作行为和工作方式以及工作行为的结果。

管理学认为绩效可以分为员工绩效和组织绩效。员工绩效是指员工在某一时间内的工作效果和工作行动以及工作态度的总加。组织绩效是指组织在某一时期内完成组织任务的数量与质量以及效率和赢利情况。

员工的绩效与组织的绩效这两个不同概念不仅相互区别而且保持相互联系。两者的区别在于侧重点不一样。员工的绩效侧重于员工的工作行为和最后产出，组织的绩效侧重于组织的工作行为和最终产出。二者的关联主要表现在两个方面：一是员工绩效直接影响组织绩效；二是组织绩效在其运作过程中，系统结构还有运行机制同样会影响员工绩效的发挥。所以，当我们研究员工绩效时，必须要结合组织绩效进行更为全面的考虑。

在基本了解何谓绩效后，接下来需要了解绩效管理的含义。

所谓绩效管理就是指各级管理者为了达到组织目标对各级部门和员工进行绩效计划制订、绩效辅导实施、绩效考核评价、绩效反馈面谈、绩效目标提升的持续循环过程。绩效管理的目的就是促进组织绩效和个人绩效的持续提高。

对于一个企业来说，绩效管理起着非常重要的作用。

1. 绩效管理是企业战略落实的载体

通过绩效管理，企业的每个员工都会有明确的绩效目标，然后实现公司战略、组织与个人的一体化。绩效目标的制定是自上而下的，也就是使公司的战略通过制定绩效目标层层传下去。

2. 绩效管理是构建并强化企业文化的工具

现如今，很多企业都在谈企业文化，或许他们对企业文化的认识并不够深入和全面，甚至只是停留在喊口号的层面上。事实上，企业文化的核心是企业的价值准则。在企业价值观念的传递过程中，绩效管理究竟发挥了怎样的作用呢？通常来说发挥了两方面的作用，即强化和构建。

（1）强化作用

如果一个企业对团队合作特别重视，那么在设计绩效考核目标时，需要考虑各个岗位间的合作指标以及部门总体绩效对个人绩效的影响。如果企业重视长远、平稳的发展，在进行绩效考核的时候不仅要考核销售额，而且还要对产品的市场占有率及新市场的开拓进行必要的考量。如果企业看中员工能力的提高，在设计绩效考核要素时，可以在强调工作结果的基础上，更关注员工的工作表现。

（2）构建作用

在企业持续发展的过程中，需要其不断提出新的价值观念和企业文化。当然，在提出新的价值观念的过程中，因为员工对其不熟悉，所以必然会遇到重重阻力，这就需要通过企业在设计绩效目标时得到强化和实现。

3. 绩效管理是提升管理水平的有效手段

中国企业基础相对较为薄弱，所以实施绩效管理可以有效地提升企业管理水平。主要表现在：

（1）能提高企业计划的有效性

通常来看，中国的一部分企业往往不会制订计划，即使制订计划也会出现过于死板的情况，最终导致计划在执行过程中起不到应有的作用。如果这种情况一直持续下去，企业经营就会陷入不可控制的状态。此时，进行绩效管理可以在一定程度上弥补这一缺陷。在决定采取绩效管理时，企业必须认真分析制定工作目标的有效性，并对目标完成结果进行评估，进而修正计划。

（2）能提高管理者的管理水平

因为一些管理者缺乏管理知识和技能，不懂得如何管理，所以无法做到有效整合企业内部资源。实施绩效管理要求管理者要完成制订工作计划、评价员工的工作表现、帮助下属提高绩效等工作，可见，这种管理方式可以有效地提高企业管理者的管理水平。

（3）易于暴露企业存在的问题

有些企业虽然从表面上看一切都顺利进行，但是在进行绩效考核时就会将一些一直潜藏在企业内部的问题暴露出来，如考核数据的准确性、管理者的管理技能、考核目标的有效性等。如果这些问题过多，而且得不到及时处理，那么企业必然会走向灭亡。

4. 绩效管理能促进员工进步，使其能力得到提升

绩效管理能促使管理者对员工进行指导、培养和激励，进而提高员工的各方面能力和专业水平。在绩效管理的过程中，管理者可以发现员工之间的差距，找到产生这种差距的原因，进而帮助员工改正错误，在工作中不断进步。

可见，绩效管理不仅是人力资源的重要组成部分，更是企业强有力的管理手段之一，它能帮助企业实现最大目标。

构建绩效管理体系

绩效管理涉及企业管理的各个方面，包括文化、战略、组织、人力资源、领导、激励、决策支持、控制等，每个方面都会在很大程度上影响企业的绩效。有很多新颖的管理概念都与绩效管理有着密切的关系，如企业文化建设（企业文化与企业业绩之间的关系已经得到了论证）、过程再造与组织变革、全面质量管理、目标管理等。

那么，对于一个企业来说，应该从何处入手来建立企业的绩效管理体系呢？如何使绩效管理的思想通过一系列文件、流程变得“看得见摸得着”，最终融入管理活动之中并发挥它的力量？

虽然绩效涉及面很广，但从绩效管理的定义来看，在对绩效管理体系进行研究之前，应该建立如下基本假设：

• 企业的价值观念是明确的，而且已经得到了所有员工的认同，员工的心智模式已经得到了文化的改造。

• 企业的战略规划是明确清晰的。

• 企业组织结构的设置是合理和高效的。

• 企业具有足够的领导力去发动变革，而且各级管理者对于绩效管理的基本思想和理念都是理解的。

• 企业已经建立了分层分类的人力资源管理体系，包括任职资格体系，以及与之相适应的薪酬福利制度、职业发展通道和晋升机制、培训制度等各项人力资源管理机制。

1. 绩效管理体系的构建思路

基于以上基本假设，从人力资源管理角度讲，要对一个企业进行绩效管理，管理者需要回答下面这些问题：

（1）员工的绩效目标和计划应该如何来制订？

（2）目标制定清楚了，达成共识了，员工们就开始行动了。那么在执行过程中，管理者应该做什么？

（3）考核阶段，管理者分数应该怎么打？除了打分之外，还应该做什么？

（4）考核之后，考核结果如何应用？

（5）整个过程中，如何保证所做的一切能够改进员工的行为？

对于这些问题的探讨，可以始于对“工作”概念的思考。在企业中，每一个员工都干着不同的工作，甚至非常忙碌，大家为什么要工作呢？这里，我们简单探讨一下工作的来源。概括地讲，工作主要来源于三个方面：第一，来源于企业的战略。企业因为愿景而存在，为了实现愿景，就有了阶段性战略规划，进而有了组织分工，有了部门任务，有了员工的工作。第二，来源于特殊事件。这些事件本身与企业战略没有太直接的关系，而且一般都是短期的，但却也是一种重要的工作来源。第三，企业作为组织所必须进行的协调性工作，这些工作的目标就是降低企业的内部交易成本。当然，后两者都是为前者服务的。因此，每个员工的工作都是来源于企业战略，只不过和战略的密切程度不一样而已。正是由于所有员工的工作都基于战略，才使所有员工的工作对于企业而言有价值。

如何才能将工作做好呢？概括地讲，任何一项工作都分为四个环节：计划、执行、监督和反馈。显然，如果这四个环节都能够做到位，工作就可以完成得很好。但需要注意，每一项工作都是一个系统，需要上述四个环节紧密配合，因为任何一个环节做得不好，都会出现短板，都会影响到工作绩效。

然而，还有一个问题需要明确：怎么样才算将一件工作做好了？或者说，将工作做好的标准是什么？对这个问题的衡量标准要很明确，否则，做好工作只能是一句空话。工作做得好坏需要衡量，这就需要寻找衡量的标准，也就是通常所说的绩效指标。

由于一个组织之中（尤其是大型组织）的工作很多，因此，绩效指标的设计是一件工作量非常大的事情。而且，随着企业的发展和战略的变化，工作在变化，工作的要求也在变化，绩效指标必然也随之变化，因此绩效指标应该处于一个动态的、不断修正的过程之中。任何一个指标的产生都是系统思考的结果。作为企业的一项基础性的管理工作，绩效指标的设计非常重要。

是否所有的工作都需要衡量？是不是时时都需要衡量？衡量工作本身也是工作，如果工作量太大，管理效率也会降低。所以，需要根据不同工作的性质，确定合理的指标以及合理的衡量时间。所谓合理，是指指标尽可能综合，用尽可能少的指标衡量尽可能多的工作。工作之间的逻辑关系、流程关系，使提取综合指标成为可能。

有了指标，才可能给工作提出明确的要求，才可能进行相对准确和公平的评价。而且，只有有了指标，才可能进行有效的绩效监控，及时发现运营管理中存在的问题，为决策提供支持。考核者在完成目标的过程中，除了进行绩效监控之外，还应该是一个导师和服务者，在被考核者完成目标的过程中给予其必要的指导、帮助和支持。

应该说，企业一切行为的目标都是为了实现企业的战略。企业战略是一切工作的出发点。企业一切管理活动的核心目标是为了提高和改善企业绩效。绩效管理是一个循环过程，首先需要明确企业要做什么（目标和计划），然后找到衡量工作做得好坏的标准进行监测（构建指标体系并进行监测），发现做得好的（绩效考核）员工，进行奖励（激励机制），使其继续保持，或者做得更好，完成更高的目标。更为重要的是，发现不好的地方（经营检讨），通过分析找到问题所在，进行改正，使得工作做得更好。这就是绩效管理过程。企业为了完成这个管理过程所构建起来的管理体系，就是企业绩效管理体系。绩效管理体系的构建是企业重要的管理基础工作，是一个不断完善和发展的动态过程，企业的各种管理努力实际上都是在自觉或者不自觉地完成该过程。建立绩效管理体系一方面使企业的战略目标在各级组织和员工中上下沟通、达成共识、层层分解、传递，引导全体员工为整体目标的实现和企业的可持续发展作出贡献；另一方面，通过持续的绩效管理循环，使企业每个员工都能够自觉有效地承担起各自的责任，按照职业化要求尽职尽责地完成任务。同时，既为薪资调整、绩效薪资发放、职务晋升等人事决策提供依据，激发员工士气，通过

员工绩效评价和沟通反馈，为员工的绩效改进、培训计划制订提供参照；也能强化各级管理者指导、教育、帮助、约束与激励下属的责任，不断提升员工的价值。

2. 以战略为导向的绩效管理体系模型

基于绩效管理体系构建思路，可以建立以战略为导向的绩效管理体系，其模型如图6-1所示。

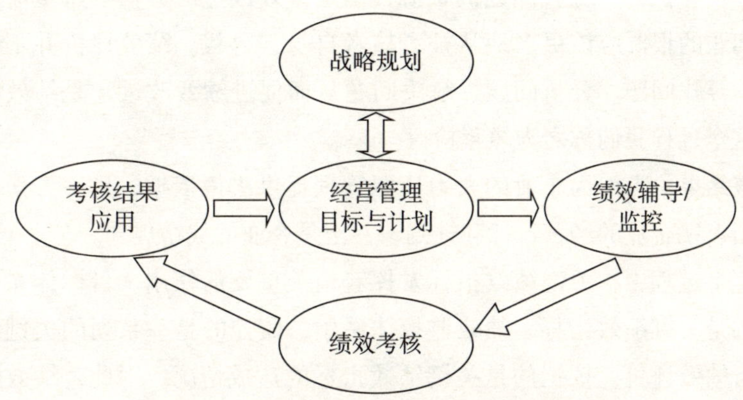

图6-1　以战略为导向的绩效管理体系结构

对于企业而言，仅有管理理念和管理思想是不够的，重要的是将这些理念和思想融入到企业的管理实践之中，使其变得可操作，我们称之为思想落地。

在企业战略明晰、组织结构确定的前提下，战略需要被转化为企业的阶段性目标和计划，然后据此形成各个部门的目标和计划，继而形成员工个人的目标和计划，我们称之为目标体系。目标和计划是考核双方充分沟通达成一致的产物。在确定目标和计划的同时，双方还应就绩效衡量的标准达成一致。目标和计划一般表现为目标责任书或者考核表的形式。一般情况下，各个企业都有目标责任书或者考核表，作为对部门或者员工进行考核的依据。在建立目标体系的时候，应该注意不要使目标责任书或者考核表相互孤立，而是以战略为导向对这些考核表进行系统的整理和改造。

目标和计划一旦明确，组织便进入了工作状态，此时企业通过会计统计系统对企业、部门乃至个人的绩效状态进行监控，并且定期向各级管理者反馈监控结果。企业的统计系统能够进行绩效监控，但是并不见得能够满足绩效监控的全部要求。因此，在建立绩效监控体系的时候，应该对企业现有的统计系统进行梳理和改造，使其能够满足绩效监控的全部要求。

一个阶段之后，考核者根据绩效监控体系的反馈数据、被考核者绩效目标的完成状况，对被考核者进行绩效评价，同时对被考核者工作中出现的问题进行分析和探讨，寻找问题的根源，确定绩效改进的方法。这里需要注意的是，问题的根源应该更多地从被考核者自身去寻找。绩效评价并不是考核的目的，寻找问题、分析问题、解决问题从而促进绩效改进才是绩效考核的目的。这个过程我们称之为经营检讨。

考核结果一方面为企业的人力资源管理提供决策依据，另一方面促使管理者重新审视企业的经营目标和计划，甚至是企业的战略规划。

在整个过程中，关键绩效指标发挥着至关重要的作用。目标体系中，描述目标的是关键绩效指标。绩效监控体系中，监控的是一系列的关键绩效指标。进行绩效评价，依据的是关键绩效指标的达成情况。因此，绩效管理思想落地，首先应该建立关键绩效指标体系。

3. 绩效管理与人力资源管理的关系

绩效管理涉及对企业战略的分解、各级考核者和被考核者充分沟通以确定目标责任和工作计划，通过绩效监控系统对企业各层级的绩效状况进行监控并为各级管理者提供决策支持、进行经营检讨，这些事情都不是人力资源部门能够承担的。人力资源部门应该定位于为组织的各级管理者提供相关的工具和方法，让各级管理者成为绩效管理的主角。

明确绩效管理的流程

绩效管理的流程通常被看作是一个循环，这个循环分为五步，即绩效计划与指标体系构建、绩效管理的过程控制、绩效考核与评估、绩效反馈与面谈、绩效考核结果的应用。

绩效管理的一般流程如图 6－2 所示。

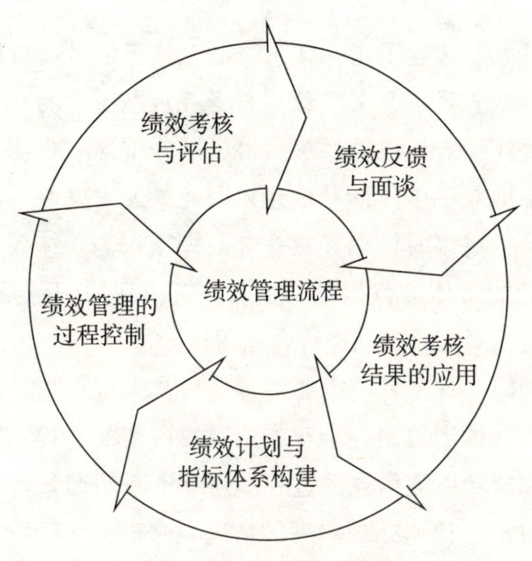

图 6－2　绩效管理流程

1. 绩效计划与指标体系构建

绩效计划被当作绩效管理流程的第一个环节。它是绩效管理推行的关键和基础所在。绩效计划制订得是否科学合理，直接影响着绩效管理整体的推行效果。在制订绩效计划阶段，管理者与员工的共同加入与参与是进行绩效管理的基础。如果是管理者单方面制定并布置任务，员工纯粹地接受要求，绩效管理就演变成了传统的管理活动，也就失去了协作性的意义。

当有了明白确定的绩效计划之后，就要依据计划来构建指标体系。指标体系的构建能够让员工明白企业目前经营的重点，也为员工日后工作提供指导。指标体系包含绩效指标以及与之相对应的标准。绩效指标是指企业对工作产出进行衡量和评估的某些重要方面，而绩效标准是指在每个指标上可以分别达到怎么样的水平。

总而言之，指标解决的是企业需要注意“什么”，才可以实现其战略目标；而标准着重突出的是被评价的对象有必要在每个指标上做得“怎样”或完成“多少”。绩效指标与绩效标准是相互配合的。

2. 绩效管理的过程控制

制出了绩效计划、构建了指标体系之后，被评估者就可以依照计划开展接下来的工作。绩效管理不只关注最后任务完成状况、目标完成状况、结果或产出，同时也关注绩效形成的过程。由于过分重视结果或产出会使企业管理者没有办法准确地获取个体活动信息，因此，无法更好地对员工进行指导和帮助，严重的是，更多时候会导致企业的短期行为。绩效完成过程中，管理者要对被评估者的工作进行指导与监督，对出现的问题及时想办法解决，并随时依据实际情况对绩效计划进行合理调整。

在整个绩效期间，管理者都需要持续地对员工进行指导和反馈，即进行不断的绩效沟通。这种沟通是一个双方追踪发展情况、找到影响绩效的成因及得到令双方共同成功所需信息的过程。连续不断的绩效沟通可以确保管理人员和员工共同付出、快速处理出现的情况、修正工作职责，使上下级在平等的交流中相互获取信息、增强认识、联络情感，进而确保员工的工作能正常地开展，让绩效实施的过程顺利进行。

3. 绩效考核和评估

工作绩效考核能够依据具体实际情况与实际需求进行月考核、季考核和半年考核以及年度考核。工作绩效考核是一个按照事先确定的工作目标和其衡量标准，考察员工实际完成的绩效状况的过程。考核初期签订的绩效合同和协议一般都制定了绩效目标与绩效测量标准。绩效合同大都包含工作目的描述、员工认可的工作目标和其衡量标准等。绩效合同是进行绩效考核的根据。绩效考核包含工作结果考核与工作行为评估两个方面。其中，工作结果考核是对考核期间职员工作目标实现程度的检测和评价，通常由员工的直属上级依照绩效合同中的有关标准，对员工的所有工作目标完成情况进行等级划分。而工作行为考核却是针对员工在绩效周期内展现出来的具体的行动态度进行评估。与此同时，在绩效推行过程中，所网罗到的可以表明被评估者绩效表现的数据和事实，能够当作判断被评估者能不能达到关键绩效指标要求的依据。

4. 绩效反馈和面谈

绩效管理的过程并非为绩效考核打出一个分数就告终了，主管人员仍需要与员工进行一次甚至数次面对面的交流。通过绩效反馈面对面交流，让员工清楚主管对自己的希望、懂得自己的绩效、明白自己有待提升的地方。并且员工也能够提出自己在完成绩效目标中遇到的问题和困难，请求主管的悉心指导。

5. 绩效考核结果的应用

绩效考核完成之后，不能够将评估结果束之高阁、不再理睬，而是要将其与相应的其他管理环节相联系。这种联系主要有以下几个管理接口。

（1）制订绩效改进计划

绩效管理过程中的一个重要环节是绩效改进。传统绩效考察的目的是通过对员工的工作效果成绩进行评估，并且把评估结果当作确定员工薪资、奖惩、晋升或降级的标准。但是当代绩效管理的目的不局限于此，不断提高员工的能力和持续改进与发展绩效才是其本质目的。绩效考核结果下发给员工后，有利于员工更加清楚地认识到自己的工作收效，看到自己工作过程中存在的缺陷之处。绩效沟通给员工带来的这种信息可能会让一直无法清楚正确认识自己的员工在真正意义上认识到自己的不足和优点，从而积极主动地改进工作。因此，绩效改进工作是否能够成功，是绩效管理过程是否发挥效果的关键。

（2）组织培训

组织培训是指依据绩效考核的结果分析，然后对员工进行量身定做的培训。对于那些不能靠自学或规范自身行为态度就能改进绩效的员工来说，也许真的在知识、专业技能还有能力方面遇到了“瓶颈”，所以企业有必要及时意识到这种需求，有针对性地对那些员工安排一些培训项目，并且组织员工参加培训或接受再教育，及时弥补员工能力的不足。如此带来的结果是不仅满足了企业完成工作任务的需要，也能够使员工享受免费的学习机会，对企业和员工都是有好处的。当然，培训与再教育也越来越成为企业吸引优秀员工加盟的一项福利。

（3）薪酬奖金的分配

企业除了设立基本工资外，通常都有业绩工资。业绩工资是直接和员工个人业绩相联系的。这种工资形式在业界很受欢迎，常被形容为“个人奖励和业绩相关的系统，建立在运用各种投入或产出指标来对个体进行某种形式的评估或评价”。简单来说，绩效评价越高，所得工资也越高。这其实是对员工追求高业绩的一种鼓励与支持。

（4）职务调整

通过数次绩效考核后，员工的业绩没有丝毫改善。查找原因，假如确实是员工自身能力有限，不可以胜任工作，管理者则应该考虑为其调整工作岗位；假如是员工自身态度浮躁不端正的问题，通过数次提醒和告诫都于事无补，管理者则可以考虑让其离职。这种职务调整在很大程度上是以绩效考核结果为根据的。

（5）员工职业发展发掘

根据绩效评价的结果，针对员工在培养与发展方面的特殊需要，设置培训开发计划，以最大可能地挖掘他们的长处，让他们的缺点最小化。例如，可以提升培训效果，降低培训成本投入；在实施组织目标的同时帮助员工发现和执行他们的职业生涯规划。

（6）人力资源规划

向组织及时提供总体人力资源质量优劣程度的确切情况，方便获取所有人员升迁与发展潜力的数据，这样才可以为组织的未来发展制定合理的人力资源规划。

（7）正确处理内部员工关系

坦率公正的绩效评价能够为员工在提薪、奖罚、升迁、降级、调动、请辞等重要人力资源管理环节提供公平客观的数据，降低人为的不良因素对管理的影响，进而保证组织内部员工的彼此关系建立在可信赖的基础之上。

对绩效管理进行整合

绩效管理是一个循环和动态的系统。绩效管理系统所包括的几个环节密切联系、环环相扣，无论哪一环的脱节都可能致使绩效管理的失败，因此在

绩效管理过程中应充分重视各个环节的工作，并将每一个环节有效地结合在一起，力求做到完善。

绩效计划是主管和员工合作并就员工来年应该履行的工作责任；每一项任务的重要性等级与授权水平；绩效的衡量和经理提供的帮助；还有也许遇到的困难及解决的方法等一系列问题进行探索讨论，最后达成一致的过程。所以绩效计划在帮助员工找准路线与认清目标方面具有一定的前瞻性。绩效计划是整个绩效管理系统中最基本的环节，同时也是不可缺少的环节。

连续的绩效沟通就是经理与员工一起工作，以分享有关信息的过程。这些信息包含工作进展状况，潜在的障碍和问题，可能的解决问题的方法以及经理怎样才能够帮助员工等。由此看来，绩效管理就像一个双向的交互过程，并且这种交互沟通必须始终贯穿于绩效管理的整个过程。通过交流，企业要让员工很明白地了解绩效考核制度的内容并制定目标的方法、衡量标准、努力与奖酬的关系以及工作业绩、工作中存在的问题，以及改进的办法。最重要的是，企业要聆听员工对绩效管理的期望与声音，如此，绩效管理才可以达到预期目的。

绩效考核自身也是一个动态的、连续的过程。因此，企业不可以孤立地进行绩效考核，而应将绩效考核放在绩效管理系统中参考，更要重视考核前期和后期的有关工作。绩效计划与连续的沟通是绩效考核的基础，前期做好绩效计划与沟通工作，绩效考核工作才可以顺利进行。由于平时只要认真实施绩效计划并做好绩效沟通工作，考核结果就不可能出乎考核双方的想象，考核最后产生分歧的可能性会非常小，这也就消减了员工和主管在考核方面的矛盾。

绩效考核的后继工作是绩效反馈与绩效考核结果的运用。绩效考核的一个重要目的是发现员工工作中的绩效问题并进行修正，因此考核工作结束后，有必要针对考核结果进行意见反馈，分析问题，提供工作修正的方案供员工参考学习，帮助员工增进绩效。除此之外，在考核中还可以将现在评估和过去的绩效联系起来，进行纵向对比，只有这样才能够得到客观准确的结果。

就眼前绩效而言，管理人员与员工提出绩效改进计划后，整个绩效管理又回到起点——再计划阶段。这时，绩效管理的一轮工作就差不多完成了。

企业应该在绩效管理的基础上进行总结概括并且制订出下一轮的绩效管理工作计划，使绩效管理能连续不断地进行下去，实现企业绩效再上一个台阶的目的。

这些环节的整合，让绩效管理过程变成一个完整的并且封闭的环。绩效计划属于前馈控制阶段，连续的绩效沟通属于过程控制阶段，绩效考核和绩效反馈以及绩效改进的实施就属于反馈控制阶段。其中，制订绩效改进计划是前馈和反馈的结合点。这三个阶段的整合变成了一个完整并且封闭的绩效管理循环，也只有当这个环是封闭的，绩效管理才是可靠的与可控的，也是自身不断提高与改善的根本保证。由于持续不断的控制才会有持续不断的反馈，持续不断的反馈才能确保持续不断的提高。

不可忽略的 KPI 体系设计

关键绩效指标（Key Performance Indicators，KPI）是通过对组织内部任何一个流程的输入端和输出端的关键参数进行设量、取样、计算、分析以及衡量流程绩效的一种目标式量化管理指标；是一种将企业的战略目标分解为可操作的远景目标的工具，是企业绩效管理的基本。KPI 考核能够使各级主管明确各级部门的主要职责，并以此为基础，明确各个部门人员的业绩衡量指标。

那么，如何确定下属的 KPI 呢？

考核指标的确定须遵循 SMART 原则：

- Specific（具体的）：应当细化到具体内容。
- Measurable（可衡量的）：设计成员工可以通过劳动运作起来的，结果可以量化的指标。
- Achievable（可达成的）：通过员工的努力可以实现的，在时限之内做得到的目标。
- Realistic（现实的）：能观察，可证明，现实的确存在的目标。
- Time－bound（有时间限制）：有时间限制的，关注到效率的指标。

杰克·韦尔奇曾说过：“管理者要让每个员工的努力看得见，摸得着，还算得出。”

1. KPI 管理原则与管理目标

绩效管理模型如图 6－3 所示。

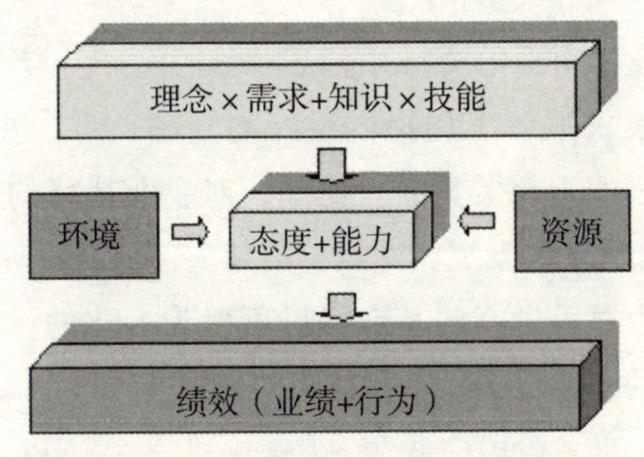

图 6－3　绩效管理模型

2. KPI 设计的基本思路

构建关键绩效指标体系的基本思路分析论述如下。

第一，明确企业的战略是什么。要明确企业的愿望和策略，而且形成企业的战略方针。除此以外，还要明确“怎样去实现愿望与策略”。

第二，依据岗位业务标准，确定哪些是促使企业成功的原因。同时，找到“我们怎样去抓住它”的方法。

第三，确定关键绩效指标和绩效标准以及实际因素的关系。在提取 KPI 的过程中，不仅要包含财务 KPI，还必须包含非财务 KPI。简而言之，不仅要有“销售额”和“利润率”等财务性 KPI，而且要有“客户满意度”等非财务性 KPI。

第四，关键绩效指标的分解。一般情况下，企业关键绩效指标由以下几个层级组成：首先是公司级关键绩效指标，它是由公司的战略目标演变得来的；其次是部门级关键绩效指标，它是依据公司级和部门职责来确定的；最后是部门关键绩效指标落实到工作岗位的业绩衡量指标。

3. KPI 导入的必然条件

（1）收集和分享背景资料

对构建 KPI 的成功开发来说，高质量而又充分的信息是十分重要的。一般需要收集的信息主要包含：

①企业的使命、愿景和战略。

②企业的经营环境、经营模式和组织管理模式。

③企业的运营状况和人员情况。

④行业资料和竞争对手的资料等。

为了对 KPI 开发的后续工作提供很好的基础，对这些资料的广泛收集、精心整理和深度分析变得至关重要。比如，对企业战略的精准理解将有利于 KPI 和企业长远并且持续的发展相一致；清楚内部经营管理情况将确保 KPI 的切实可行；而对竞争对手做一些基准研讨可以为 KPI 的设立带来灵感，同时也可以为制定 KPI 的目标值提供更多有用的依据。

值得用心的是，准备阶段应收集、整理一些有关 KPI 的资料（最好不仅有理论知识，而且包含其他企业的成功案例），把这些材料应用在本企业中进行宣传与分享，实现从基层员工到中、高层管理者都能对 KPI 有一个较为准确的初步认知，以便于为本企业制定与推行 KPI 打好基础。

（2）确认使命、愿景和战略

首先应该弄清楚使命、愿景和战略究竟是什么意思。也许不同的人对此有不同的解释与定义，因而造成了一些理解混乱。在这里，我们试图综合一些看法来对这些概念进行大概描绘：一个企业的核心目标由使命界定，说明了企业因何而存在；一份企业未来的蓝图由愿景来描绘，指出企业在未来五年或十年想要变成什么样子；为了达到预期的结果而采取的与众不同的措施与行动就是战略。

（3）KPI 考核的支持环境

尽管有了关键绩效考核指标体系，也不能确保这些指标就能应用于绩效考核，达到预期的成效。要想真正达到成效，企业是否有关键绩效指标考核的支持环境也是很重要的条件。假如没有支持其施行的环境，关键绩效指标也只是海市蜃楼，无法达到想要的效果。因此，筑建这种支持环境一样是关键绩效指标设计时必须考虑的。

①拥有以绩效为导向的企业文化的支持。绩效导向的组织氛围需要认真组建，通过企业文化解决绩效考核过程中的矛盾和冲突，为追求优异绩效为核心价值观建设企业文化。

②拥有良好的人力资源管理平台的基础建设。界定职位边界要清晰，实

现权力与责任对等，不同责任主体对不同目标实现的贡献相对明确，这些都可以支持关键绩效指标的分解。

③绩效管理不只是人力资源部的事情，各级主管人员都承担着绩效管理责任。各级主管应该也必须承担的责任是分解和制定关键绩效指标，那些专业人员更是起着技术支撑作用。

④重视绩效沟通制度建设。关键绩效指标的分解与制定是指标建立与落实自上而下和自下而上的制度化过程。如果不能有良好的沟通制度做保证，那么关键绩效指标考核就不可能具有实效性和挑战性。

⑤绩效考核结果和价值分配有关系。实践证明，两者关系的程度紧密，绩效考核系统真正发挥作用必须以关键绩效指标为核心，对企业有作用的行为才会受到褒奖。

科学运用绩效考核的方法

在企业中关于绩效考核的方法很多，常用的主要有以下九种。

1. 实绩统计法

实绩统计法又称成果记录法，要想直接反映员工的工作成果可以利用这种方法。即利用各种原始生产（工作）记录和其他记录统计资料，用来考核员工的绩效。

工作任务明确、稳定，且工作成果能够用量化形式予以表示的工作岗位主要适用实绩考评法。像是生产线上的工人就适用于这种考评办法。企业在运用实绩考评法时，应最大限度地把反映员工工作成果的所有指标都包括进来，用来全面考察员工的工作成效。

2. 调查询问法

所谓的调查询问法，即通过访谈、座谈、问卷等形式对工作人员实施考核评价。根据调查询问的手段不同，可将调查询问法分为以下三种形式。

（1）访谈法

应用访谈法时，可选择的访谈对象有两种：一是被考核者本人；二是与被考核者有关联的第三人。访谈法的突出优点是，使考核更加深入具体，有助于从多角度审视员工的绩效。不过访谈法也有一定的局限性，那就是工作量大，耗时较长，如果被考核者的人数比较多的话，将不适用于访谈法。

（2）座谈法

座谈法即通过召开各种形式的座谈会，来收集对被考评者的评价意见，从而对被考评者的工作表现做出论断。

座谈法适用于需要得到全面、细致且有一定深度评价意见的考核，如对企业各级管理人员的考核。通过座谈法实施绩效考核有如下注意事项。

①选择合适的与会者，与会者既要有一定的代表性，也必须能够发表具有评价参考价值的意见。

②会议主持人员要善于创造大家能够畅所欲言的会场气氛。

③会议主持人员要善于驾驭、控制、引导会议的进程。

④会议开展的过程中要做好记录和意见整理。

（3）问卷法

问卷法是通过发放、填写和回收以及整理汇总多种考核问卷表，对人员进行考核评价的办法。问卷法的优点是可以收集到大量人员的评价信息，可以综合反映出人们的倾向性意见，而且所需的工作量也不大；问卷法的缺点则表现在，因为受文字表达与问卷格式的限制，致使很难使意见得到全面发挥，所以难以实现较深层次的分析评价。

3. 图尺度评价法

图尺度评价法又称为图解式考评法。最简单和运用最普遍的工作绩效评价工具之一就是它。在使用图尺度评价法时，应该首先列举出一些组织所期待的绩效构成要点（质量和数量以及个人特征等），跨越范围很宽的工作绩效等级（从“最差”到“十分优异”）也要有所列举。在进行工作绩效测评时，首先针对各个员工从各项评价要素中找出最能符合其绩效情况的分数，然后将各个员工所得到的所有分值进行汇总，其最终的工作绩效评价结果就不得而知。

图尺度评价法有很多种变形，例如通过对指标项的细致化分，能够用来测评某一职位人员的具体体现。一般来说，考评者能够从被考评者所在职位

的职位说明书上寻找到指标的维度，其后从职位说明书中选取与该职位密切相关的关键职能范围，再总结分析出关键绩效指标，并为各关键绩效指标项标明重要程度，就是确定出权重，然后就完成了指标细化的工作。

图尺度评价法运用起来相对方便，可以为员工提供某种定量化的绩效考核结果。但是，图尺度评价法也不可避免地存在一些劣势，比如，不能有效地指导行为。该法只能提供考评的结果却没有办法提供解决问题的方法。另外，图尺度评价法的准确性不高，由于评定量表上的分数无法给出明确的评分标准，因此很可能无法得到准确的评定，实施考评时，考评者表现得过于主观。

4. 关键事件法

关键事件法是指上级主管记录员工通常工作中的关键事情。通常分为两种：一种是做得特别优异的，另一种是做得比较糟糕的，在预定的时间内，一般是半年或一年之后，根据积累的记录，由主管和被考评者讨论相关事宜，为测评提供依据的一种考评方法。关键事件法包含了以下三个重点：

- 细心观察。
- 书面记录员工所做的事情。
- 有关工作成败的关键性事实。

确定员工的职务行为，并选择其中最重要、最关键的部分来评定其结果是关键事件法的主要原则。这一方法对各个事件的描述包含了以下内容。

- 事情发生的原因和背景。
- 员工特别有效和多余的行为就是关键行为。
- 关键行为产生的结果。
- 员工可不可以支配或控制关键行为所带来的后果。

有关怎样有效记录员工的关键行为，可以参考 STAR 法。

所谓 STAR 法，即 Situation（情境）、Target（目标）、Action（行动）和 Result（结果）四个英文单词的首字母组合。

Situation——情境。行为发生时的情境是什么样的。

Target——目标。他因何要做这件事。

Action——行动。他当时采取了怎样的行动。

Result——结果。他采取这个行动获得了怎样的后果。

关键事件法是由美国学者福莱·诺格和伯恩斯在 1954 年共同创立的，研究的焦点集中在职务行为上是这种考核方法的主要优点，由于行为是可观察的、可测量的，确定行为的任何可能的利益与作用都能利用关键事件法。主要来说，关键事件法具备以下优点：

• 下属向主管要求解释其绩效考评结果时，能够提供准确的事实根据，使考评结果更加具有说服力。

• 确保组织对员工的绩效进行考评时的公正性，所依据的是员工在整个年度中的表现，并不仅仅是短时期的表现，有效地避免了“近因效应”。

• 有利于员工有针对性地改善绩效。

当然，关键事件法也存在以下两个明显缺点：

• 费时费力，主管需要花费很多时间去观察员工并收集关键事件，然后还要再概括与分类。

• 忽略了员工的平均绩效，太过于注重员工的关键绩效，难以客观地评价大部分中等员工的绩效。

为了让关键事件法最大限度地发挥正确的作用，企业在应用关键事件法时，应注意以下几个事项：

第一，主管所记录的“事件”一定是关键事件，即属于典型的“很好”或“很差”事件，所记录的关键事件一定是与被考评者的关键绩效指标相关联的事件。判断是不是属于关键事件，其主要依据是事件的特征与事件所产生的影响。

第二，关键事件法普遍不适用于单独作为绩效考评的工具来使用，而是应与其他绩效考评方法结合一起使用，并为其他考评方法提供事实依据。

第三，只有是员工具体的行为才能称为记录的关键事件，并不是考评者的主观评价，要把事实与推测划分清楚。

第四，关键事件的记录要贯穿于整个考核周期内，不可以是仅仅集中于接近考核的最后几个星期或几个月里。

第五，如果以结果来衡量绩效的工作则不适用于关键事件法，由于关键事件法是一种基于行为的绩效考评工具，因此假如员工的绩效主要通过工作结果来表现的话，应用关键事件法就不能取得理想的结果。

5. 评级量表法

把员工的绩效分成许多项目，在各个项目后设定一个量表，由考核者实施考评的这种办法就是评级量表法。评级量表法是最古老也是用得最多的考核方法之一，该法应用简单方便，不浪费时间，有效性也相对很高。

评级量表法创造了一种数量化考核方式，由于它把与员工绩效有关的各个因素都反映了出来，所以能够较好地达到考核的目标。简单来说，评级量表运用起来比较简单省事，考核的结果能够有效地用做员工调薪、职位变动的依据。

评级量表法同样具有缺陷，过于宽大的或中庸的考核者使用这种量表，就会很容易产生晕轮误差和趋中误差，他们把所有人的每个项目都评定为较高分或平均分，这样就失去了实施绩效考核的意义。另外，许多评级量表并不针对哪一个独特的岗位，而是适用于组织的任何一个岗位，这便致使评级量表针对性不明显，很难全面、具体地反映员工的绩效水平。

表6－1　　评级量表

<table>
<tr><th>考核内容</th><th>考核项目</th><th>说明</th><th>评定</th></tr>
<tr><td>基本能力</td><td>知识</td><td>是否充分具备现任职务所要求的基础知识和实际业务知识</td><td>A B C D E
10 8 6 4 2</td></tr>
<tr><td rowspan="4">业务能力</td><td>理解力</td><td>是否能充分理解上级指示，高效地完成被指派的工作任务，在执行过程中不需要上级的反复指示</td><td rowspan="4"></td></tr>
<tr><td>判断力</td><td>是否能充分理解上级意图，正确认清工作形势，从而随机应变地妥当处理</td></tr>
<tr><td>表达能力</td><td>是否具备现任职务所要求的口头表达力和文字表达力，能否进行一般的联络、说明工作</td></tr>
<tr><td>谈判能力</td><td>在和企业内外的人员谈判时，是否具备使对方心悦诚服地接受意见，乃至达成协议的能力</td></tr>
<tr><td rowspan="3">工作态度</td><td>纪律性</td><td>是否严格遵守公司的各项规章制度，是否严格遵守工作汇报制度，定期向上级汇报工作</td><td rowspan="3"></td></tr>
<tr><td>协作性</td><td>在工作中，是否充分考虑别人的处境，是否主动协助上级、同事完成工作</td></tr>
<tr><td>积极性</td><td>是否毫无抱怨地、主动积极地完成被指派的任务，是否善于挑战困难</td></tr>
</table>

续 表

考核内容	考核项目	说 明	评 定
评定标准： A. 非常优秀，理想状态 B. 优秀，满足要求 C. 基本满足要求 D. 略有不足 E. 不满足要求		分数换算： A. 80 分以上 B. 60 ~ 79 分 C. 40 ~ 59 分 D. 20 ~ 39 分 E. 20 分以下	合计分数
评语			
考核人签字			

6. 行为锚定等级评价法

对一份职务工作可能发生的每一种典型行为进行评分度量，建立一个锚定评分表，以此为依据，对员工的实际工作行为进行测评级分的考评方式就是行为锚定等级评价法。

行为锚定等级评价法本质上是把关键事件法和评级量表法结合起来，兼具两者的长处。它将关键事件和等级评价有效地结合在一起，所以是关键事件法的进一步拓展和应用。通过一张行为等级评价表能够发现，在同一个绩效维度中存在一系列的行为，各种行为分别表示这一维度中的某种特定绩效水平，将绩效水平按等级量化，能够使考评的结果更有效、更公正。

通过等级评价表，将关于特别优异或特别糟糕绩效的叙述加以等级性量化，然后将描述性关键事件评价法与量化等级评价法的优点结合起来，就是行为锚定等级评价法的目的。在实行行为锚定等级评价法时，可按照以下五个步骤操作。

步骤一：对一些代表优良绩效和劣等绩效的关键事件进行描述，以便提取关键事件进行岗位分析。

步骤二：确定评价等级，普遍划分为 5 ~ 9 级，为关键事件确定很多绩效指标，并给出确切含义。

步骤三：由其他组管理人员对关键事件做出重新分配，将它们归入最恰

当的绩效要素指标中，由此确定关键事件的最终位置，最后确定出绩效考评指标体系。

步骤四：由第二组人员将绩效指标中包含的重要事件按由优到差，由高到低进行有效排列，确定审核绩效考评指标登记划分的正确性。

步骤五：创建最终的工作绩效评价体系。

7. 个体排序法

个体排序法也叫排队法，就是把员工按从优到差的顺序进行排列，运用这种考核方法时，只有一名员工是“最优的”。个体排序法将排名相邻的2名员工的差距假设为同样的，例如要对一个部门的30名员工进行评价，第1名和第2名之间的差别就被假设为与第21名和第22名之间的差别是一样的。

8. 强制正态分布法

强制正态分布法又叫做“强制分布法”和“硬性分配法”，这种方法是依据正态分布原理，也就是俗称的“中间大、两头小”的分布规律，提前确定评价等级，以及各等级在总数中所占的百分比，接着依照被考核者绩效的优劣程度将其归入其中某一个等级。比如，要求考核者将最优异的10%的人挑选为最高分级别A；20%的较为优秀的人评定为次高分级别B；40%的大多数人评定为居中的级别C；再将稍微差点的20%的人评为次低分级别D；最后将表现最差的10%的人评为最低分级别E。

强制正态分布法的推行遵守以下几个基本步骤：

第一步，确定A、B、C、D、E五个评定等级的奖励与惩罚推行标准，不同等级之间的差别应该具有充分的激励效果。

第二步，对全部被考核者进行百分制的评分。

第三步，对于所有考评者，对称地去掉很多个最高分与最低分，并计算出任何一个员工的平均分。

第四步，计算出部门所有员工的业绩考核平均分，将部门中全部员工的平均分汇总，再除以这个部门的员工人数。

第五步，用所有员工的平均分除以部门的平均分，就能够得到一个标准化的考评得分。那些标准分为1（或接近于1）的员工能够得到“中等”的考试评分，当然那些标准分大于 1 的员工必须得到“良”甚至“优”的考评，可是那些考评标准分低于1 的员工就要得到“及格”甚至“不及格”的考评。

第六步，对处于不同等级的员工依据预先制订的奖罚标准实施奖罚。

被考核人员较多的情况比较适用于强制正态分布法，因为操作起来比较简单方便，而且由于符合正态分布规律，强制正态分布法在某种程度上也削弱了由于考核者主观性过强而导致的误差，更重要的是，强制正态分布法也有效地避免了考评中过于严格和过于松弛等一边倒的现象。不过，强制正态分布法的缺陷也是非常明显的，具体来说，该法存在以下缺点：

第一，假如员工的业绩水平其实并不遵守所规定的分布样式，因此，若对员工进行生硬区别很容易导致员工的不满。

第二，仅仅可以把员工区分为有限的几种类别，很难具体地对比员工差异，也不可以在诊断工作问题时提供准确可靠的信息，致使很难提供关于员工绩效改进的意见。

第三，致使出现马太效应，极易造成强者越强模式。

规定性地把员工划分等级，很容易导致强者越强的模式。得到褒奖和得到较多机会的员工会更加努力，表现更加优异，可是其他的员工会因为没有得到充分肯定或对考评结果表示不满意，很可能会加深自身的挫折感，削弱对公司和上级领导的认同感，进而影响工作效率，更糟糕的是，会导致优秀员工的流失，削弱公司的凝聚力与团队精神的不和谐。

9. 配对比较法

配对比较法又叫做相互比较法，简而言之，就是将全部要被考评者列在一起，两两配对对比，其绩效最优异者可得 1 分，然后将各位被考评者所得分数相叠，其中分数最高者就可以成为绩效最优者，最后根据分数高低顺序对被考评者进行排序，即可确定不同考评者的绩效到底怎么样。

配对比较法与序列比较法的区别在于，配对比较法采用配对比较的办法，将所有被考评者两两进行对比。例如，有 10 名医生，考评时，将任意一位医生与另外 9 位医生逐一进行配对比较，统共进行 9 次配对比较。每一次配对比较之后，成绩表现好的医生得“1”分，成绩表现差的医生得“0”分。配对比较完成后，再把每个人的分数进行相叠。其中分数越高，考评成绩也就越好。

被考评者人数过多情况发生时，配对比较法并不适用，通常来说，被考评者的人数最好不要超过10人。

360度考核不是万能的

当代，许多企业普遍采用360度的绩效评价方法。最近的一项调查表明，入选《财富》的1000家企业中，竟然超过90%的企业在职业发展与绩效考核中部分使用了360度反馈系统对员工进行考核。

由被评价人的上级、同级人员和下级或内部客户和外部客户以及被评价者本人担任评价者，从各自不同角度对被评价者进行全方位的评价，然后再通过反馈程序将评价结果反馈给被评价者的考核方式就是所谓360度绩效评价方法。其目的是修正被评价者的工作行为、提升其工作绩效。因此，360度绩效评价体系事实上是一种多条信息来源的信息反馈评价系统，也可以称为多考核者评价系统或多源反馈系统。把被评价者当作销售经理，把考核者当作是市场总监、销售员和同级同事，以财务部为例，如图6－4所示。

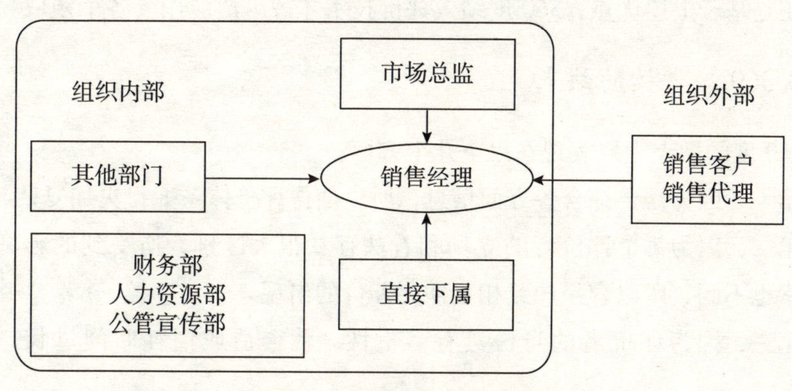

图6－4　财务部的360度考核

1. 360度考核的优点

与传统的考核方法相比，360度考核具有以下优点。

第一，公平公正。被评价者可以获得来自多层面的人员对自己各方面的全面、客观的评价，这样可以弥补单纯由直线经理对下属进行评价的不足。这种不足主要体现在主观臆断的晕轮效应、滥用职权打击报复“不同意见者”，甚至是拔高“溜须拍马者”……从考核程序上来说，360 度考核可以给每位被评价者相同的自述机会，而且也有同等的权利评价他人，这样，员工就可以站在同一平台上参与评价，极大地提高了员工评价积极性。

第二，减少了考核结果的偏差。因为这种评价方法的评价者是来自不同的层面，所以可以减少考核结果的偏差。虽然每个层面的评价者有若干名，但是最终的评价结果是取平均值。另外，每个层面的评价结果又给予不同的加权，从统计学方面来说，最后得到加权平均值的结果更接近于客观情况，所产生的误差会更小。另外，评价者分别评价不同的内容，在自己最熟悉的方面对被评价者进行评价，可以较好地解决评价过程中由于信息不对称而造成的偏差，使反馈给被评价者的信息更容易得到认可。

第三，360 度评价在评价过程中有利于加强组织成员之间的沟通，使员工在以后的工作中能更好地做到换位思考，这样就极大地提高了团队的凝聚力和工作效率，有利于组织的发展。

正是基于上述优点，360 度绩效评价技术才被广泛应用于各个领域。

2. 360 度考核的缺点

360 度的缺点主要表现在以下几个方面。

第一，因为需要综合各方面信息，所以使得评价体系变得更加复杂。

第二，因为每个评价者的立场和看法存在很大区别，所受到的影响和干扰因素也不同，所以容易导致相互冲突评价的出现。

第三，因为评价者的身份具有多重性，就会造成消耗时间过长，成本过高。

因为 360 度考核有利有弊，所以要想使评价体系具有高效性，参与者之间需要保持高度的信任。

3. 360 度考核在实施中的障碍和克服建议

产生于西方文化背景中的 360 度考核与西方倡导的“个人主义”“平等”“竞争”等各种文化观念相适应。所以，在中国特有背景下推行 360 度必然会面临重重阻力。

（1）360 度在实施中的可能障碍

①害怕下级考核的心理。360 度考核为下级评价上级提供了途径，所以，管理者们认为这种方法使得他们的权威受到了挑战，在心理上还是难以承受的。因此，这种害怕的心理因素会成为该评价方法推行的障碍。

②文化传统观念的冲突。因为西方文化的独特性（开放性、强调竞争、敢于冒险、鼓励创新），所以西方企业员工敢于进行自我否定，而且善于通过倾听他人的意见来完善自我。而中国的文化则强调含蓄和保守，企业员工不喜欢袒露自己内心的真实想法，所以会对这种评价方式有所抵触。

③下属惧怕权威心态。由于员工可能对上级具有惧怕心理，所以在评价的时候会给上级较高的评价。上级权力的无形压力会导致员工不敢轻易地袒露内心的想法。特别是在管理部门，上下级的关系较为明确和固定，所以员工害怕得罪上级。另外，这种评价方式还会造成另一个极端，有些员工可能不打算干了，所以给上级的评价特别差，这种方式成为他发泄不满情绪的工具。

④情感好恶与利益冲突。在同一公司工作的员工，不仅是合作者，也是竞争者，因为之间存在着各种利害关系，所以评价者在进行评价的时候可能会出现歪曲事实的情况，这样就会导致评价结果不带有客观性。

（2）360 度考核在实施中克服障碍的建议

①必须取得公司高层领导的支持。任何制度和方法的顺利推行都离不开高层领导的支持。360 度考核也是如此。它需要高层领导有坚决变革的决心，并能在公司内部倡导一种变革、创新、竞争、开放的文化，使员工能够摒弃传统观念，从观念上真正接受这种新型的评价方式。

②倡导公平、参与和开放的文化理念。如果企业文化对员工的参与较为重视，那么在导入 360 度方法后，可从各种不同的角度进行评价，这样能够帮助员工更快地实现个人成长。除此之外，如果企业重视以公正客观的考核及奖励制度来激励员工，那么在推行这种考核方式的时候所受的阻力也会更小。

③加强宣传与沟通。在决定推行 360 度评价方法之前和推行的过程中，企业应当加强宣传和沟通，让员工明白推行这种评价方法的目的和意义，消

除人为因素的阻碍。另外，还需要对评价者进行相关培训，以防止评价结果中出现过多的误差。与此同时，在推行过程中还应该就评价的准确性、公正性向评价者提供反馈，这样可以帮助他们不断提高评价技能。

④选择合适的咨询公司。如果公司无法从内部人员中找到负责项目运作的合适人选，则需要选择咨询公司来负责。好的咨询公司不仅可以提供一套系统作为考核工具，而且还能提供一份完整的解析报告。然而，最重要的当属丰富且成功的导入经验。咨询师们会根据企业的发展现状和导入目的提出适当的建议。现象解析也是一门学问，如何从一系列数字中看出问题可以充分检验咨询师的功力。例如，被评者自我的评分很高，但主管及同级的给分却都很低，出现这种情况的原因或许是被评者有自我夸大的现象。对于这些现象，咨询师会给予中肯的建议，最后提出发展行动计划。在选择执行人员的时候，一定要注意员工对执行人员的信任度，只有充分信任该人员，员工才会表达他们的真实想法。

⑤360 度评价方法通常适用于人员发展和培训。与一般的评价方法相比，360 度考核的特点是更多地强调多源信息反馈评价，所以，这种方法是一种“360 度评价反馈”。其所获得的信息往往成为提高员工的能力、改进员工的绩效和培训员工的依据，但并不是被评价者调整薪酬和晋升的依据。在这里需要特别说明的是，绩效考核是一种人力资源管理的责任，而正是基于这种责任才产生了权力。

总之，360 度考核不是万能的，它并不是对每个企业都适用的。因此，企业管理者要根据企业的实际情况合理使用 360 度考核。

平衡计分卡与绩效管理

平衡计分卡是从财务、客户、内部运营、学习与成长四个角度，将组织的战略落实为可操作的衡量指标和目标值的一种新型绩效管理体系。设计平衡计分卡的目的就是要建立“实现战略制导”的绩效管理系统，从而保证企业战略得到有效的执行。因此，人们通常称平衡计分卡是加强企业战略执行力的最有效的战略管理工具。

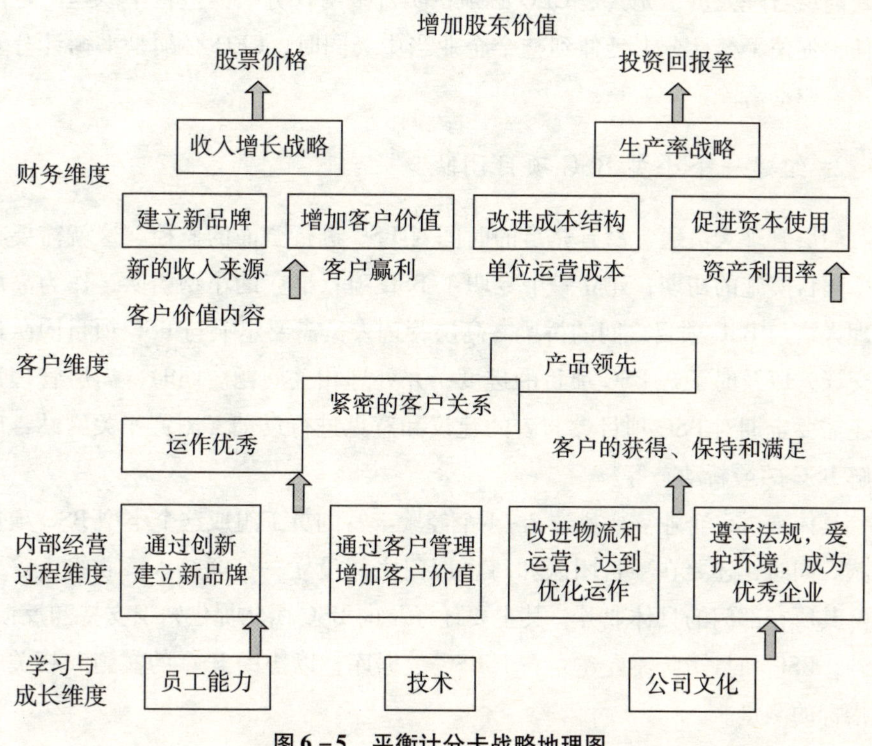

图 6－5　平衡计分卡战略地理图

参考国内外已有的研究成果，我们认为，成功实施 BSC 需要以下步骤。

1. 培训企业高层管理人员，促使其承担相应的职责

对企业的高层管理人员进行 BSC 培训主要有三个目的：

（1）统一高层管理人员对 BSC 的认识，避免在推行 BSC 的过程中出现重大的分歧。

（2）让高层管理人员了解 BSC 的重要作用和 BSC 对企业管理工作的要求，促使他们重新审视企业是否真正想要实施 BSC。

（3）提高高层管理人员对 BSC 的认同程度，促使其在实施过程中承担相应的职责。

如果高层管理人员不能认识到 BSC 在战略管理和绩效管理方面的作用，当 BSC 发展到比较艰难的环节时（如确定企业的关键绩效指标时），他们就会对其失去兴趣。

高层管理人员，尤其是CEO必须在实行平衡计分卡的过程中承担一定的责任，促使平衡计分卡延伸到整个企业当中。同时，CEO必须是平衡计分卡的核心驱动者。

2. 组建一个小型BSC项目团队

高层管理人员通常没有充足的时间对BSC进行全面的监控。这就需要在BSC项目实施的初期，建立一个专职于BSC项目推广的小型团队，作为高层管理人员与BSC项目之间的桥梁。高层管理人员需要定期与BSC项目团队进行交谈，以及时了解BSC项目的进度，并处理相关问题。同时，高层管理人员还需要定期对BSC项目参与者的建议和意见进行反馈，浏览相关网站，以了解BSC的最新动态等。

具体来讲，企业需要挑选2~4个经验丰富的员工组成这个小型BSC项目团队。同时，还要在项目团队和每个部门之间设立一个联络人。联络人需要了解其所在部门的具体业务，其主要任务是向BSC团队提供知识支持和反馈。另外，BSC项目团队需要建立一个BSC数据库，以协助BSC的实施和相关绩效指标的测量。

3. 重新审视、明确企业的战略目标

绩效考核必须与企业战略目标挂钩，才能实现其存在的价值。绩效考核应该帮助企业组织的各个层次理解并执行战略。首先，必须保证战略目标的正确性，以确定绩效管理的目标。其次，企业战略是企业中高层管理者或邀请企业外部战略专家一起根据企业内外部环境和企业自身实力做出的中长期发展目标和实施计划。企业战略制定以后，要通过各种形式和方法让员工知晓和理解企业发展战略。尽管如此，企业低层员工还是会认为企业战略高高在上，与他们毫不相关。因此，企业有必要通过平衡计分卡让员工充分理解企业战略，并通过平衡计分卡使战略规划执行下去。

4. 关注关键结果领域，以企业的发展需要确定BSC的角度

在实施BSC时，企业容易犯的一个错误是，花上几个月的时间讨论平衡计分卡的角度等，却很少用心讨论企业的关键结果领域。其实，关键结果领

域是平衡计分卡所采用的多个角度的主要来源。确定了企业的关键结果领域，BSC 的角度也就明朗了。

在确定 BSC 的角度时，直接采用卡普兰和诺顿提出的四个角度是比较简单的做法。但这样做的问题是，这四个角度并不能适应和满足所有企业的实际需要。这就需要企业根据自身的发展阶段、竞争环境和行业特征，灵活确定 BSC 的角度。这并不违背 BSC 的平衡思想。

至今，国内外已经有很多文章讨论了实施 BSC 的其他角度。同时，也有企业在实践中根据自己的战略与竞争优势增加了其他角度。前文提到的理光公司就在采用卡普兰和诺顿提出的四个角度的基础上，选择“环境安全”作为其 BSC 的第五个角度。

5. 为 BSC 的多个角度选定关键绩效指标

BSC 的每个角度上的关键绩效指标一般不超过 5 个。卡普兰和诺顿建议总共选择 20 个关键绩效指标。那么，如何从几百个指标中挑选出 20 个关键绩效指标呢？一个好的关键绩效指标的特点是，为组织所熟知、短期内的变化能迅速产生重大影响、责任能够落实到员工个体层面、积极的变化能够给其他很多指标带来积极影响。

另外，在指标的选择上，企业应当同时采用驱动绩效指标与结果绩效指标。

很多企业只把结果绩效指标作为关键绩效指标，其实这样做有很大的风险。因为结果绩效指标是许多已经发生的事情的综合结果，这些结果指标只会告诉你企业是否在朝着正确的方向发展；如果内部流程等存在问题，它们也会有一定的反应，但不会告诉你企业问题到底出在哪里。所以，驱动绩效指标与结果绩效指标的结合使用，才能够在实现企业的短期财务目标的同时保证长期的良好财务绩效。

6. 为 BSC 的关键绩效指标建立具体的绩效目标

比如，投资回报率为 15%，销售增长率为 8%，市场占有率为 35%，员工流动率小于 2% 等，这些就是比较具体的绩效目标。

7. 开始行动

在实施类似于 BSC 这样重大的项目时，企业通常倾向于借助外部专家的力量。不过，平衡计分卡的实施很难一蹴而就。卡普兰和诺顿的建议就是“just do it”。企业所遇到的挑战是如何建立一种“just do it”的文化。在这种文化里，员工会相信，不是必须依靠专家才能实施这个项目，认真去做就好。

除了以上七个步骤，在建立和推行 BSC 体系时，企业还需要认识到以下两点。

第一，企业建立的平衡计分卡不止一个。卡普兰和诺顿认为，平衡计分卡需要向下渗透到企业的各个部门、团队和员工中。这样，就会在企业的各个层面形成各级平衡计分卡。企业管理人员和 BSC 团队要认识到，企业存在的 BSC 不止一个，这样才能保证 BSC 的全面推行。

第二，即使企业停止推行平衡计分卡，也要继续关注企业的关键绩效指标。企业有时候会停止推行平衡计分卡，但这并不意味着企业对平衡计分卡的实践是在浪费时间。即使没有 BSC，明确企业的关键绩效指标也是相当重要的。

另外，需要注意的是，企业在引入平衡计分卡时需要明确，企业仅仅是将其作为一种绩效管理工具，还是将其作为战略管理工具。如果企业仅仅将平衡计分卡用于员工的绩效管理，平衡计分卡就类似于 KPI、目标管理系统等绩效管理工具，它将基于企业已有的战略计划实施，而不对战略产生实质性的影响。若把平衡计分卡用于企业的战略管理，就需要从平衡计分卡的四个维度重新审视企业的战略目标。

超导链接

企业绩效考核

绩效考核标准由资格晋升评价规定、提薪评价规定和人才委员会运作规定三部分组成。绩效考核有以下几大作用。

1. 达成目标

绩效考核实际上不是一种对结果的考核，而是一种过程管理。它把中长期的目标分解成年度、季度、月度指标，这些指标需要通过员工的努力来实现，在考核绩效的过程中实现企业的目标。

2. 挖掘问题

绩效考核是一个循环过程，它需要不断制订计划、执行、改正计划，绩效考核体现在整个绩效管理环节，而这些环节包括绩效目标设定、绩效要求达成、绩效实施修正、绩效面谈、绩效改进、再制定目标的循环，同时，在这个过程中也需要不断发现问题和改正问题。

3. 分配利益

如果只是考核，而与利益没有关系，则这种考核没有任何意义和作用。一般而言，员工的工资包括固定工资和绩效工资。绩效工资的分配与员工的绩效考核得分有着密切的关系，所以，当人们提到考核的时候，所有人的第一反应就是工资。

4. 促进成长

绩效考核的最终目的是促进企业与员工的共同成长。通过考核，人们可以发现问题、改进问题，找到差距，提升自己，最后达到双赢。其实，绩效考核体现在薪酬和绩效的结合上。在人力资源管理中，薪酬与绩效是密不可分的。其实绩效工资就是靠绩效设定的，同时也体现在工资上，否则就起不到应有的作用。

5. 把绩效考核与未来发展相联系

无论是从企业方面来说，还是从员工方面来说，绩效考核都可以对现实工作作出适时和全面的评价，在这个过程中，人们可以从中找出问题，进而解决问题，如果可能的话，还会把握未来发展的方向和趋势，最终在时代发展中立足。

6. 绩效考核是人员激励的手段

在公司中，管理者通过绩效考核，把员工的各方面相结合，进而使企业激励机制得到充分运用，最终促进企业的发展。而对于员工来说，则会使他们建立不断自我激励的心理模式。

表 6－2　　绩效考核表

KPI	目标值	权重	评分标准	实际绩效	得分
加分/扣分项					

表 6－3 是传统人事管理的旧做法与现代绩效考核的新做法的比较，从中你可以了解自己的做法是否符合现代绩效考核的标准。

表 6－3　　传统考核与绩效考核对比

项目	传统考核	绩效考核
目的	“要年终考核了”，一提到要考核了，许多人很自然地联想到：要发奖金了，要调工资了，要调整位子了。这反映了传统人事考核的目的在于奖惩、调薪和人事调整	绩效考核用于人事决策和绩效改进。而且，最为主要的目的是改进员工的绩效，其他人事决策，实质上也是为了促进员工改进绩效。否则，达不到这个目的，整个绩效考核则毫无意义
数次	一年一次或两次，在规定的日期进行，不管中间发生多少事件，也不管多么必要，一般情况下，都会等到年中或年终“盖棺定论”，给一个说法	一年多次，根据需要随时进行，除公司规定的评估之外（年中、年度评估），根据下属工作表现以及绩效改进的需要，随时进行，不必将问题积累到“法定评估日”才做评估

续 表

项目	传统考核	绩效考核
主导者	公司高层，人事部门。 传统考核是由公司高层决策、人事部门监督执行，所以在员工的印象中，考核是人事部门的事情。职业经理只是根据公司的统一安排，做本部门人员的评分工作。作为考核对象的下属，更是处于被动、被考核地位	公司高层，人力资源部、职业经理、员工。 现代绩效考核强调全员参与，或者说，绩效考核不仅是公司的事，人力资源部门的事，更是职业经理的事，是员工自己的事。下属自己、职业经理比人力资源部、公司高层更加注重绩效的改善与提升
上下关系	我是上级，所以我是法官，我是裁判，你的工作表现好坏由我评判，我说了算，我高高在上点评你的优缺点	上司和下属结成了一种绩效伙伴关系。上司离不开下属，下属需要上司。上司不仅对下属工作表现负有责任，关键在于，上司还对下属绩效的改进和提高负有责任，下属需要通过上司的评估和辅导不断提升自己的绩效。绩效伙伴的最终目的是最大限度地提高下属的绩效，而不是给下属评分。所以，上司是顾问，倾听下属的想法，提出具体建议，帮助下属

第七章

薪酬战略再造：用“薪”赢“心”

薪酬是影响和决定员工劳动态度和工作行为的重要因素之一。因为薪酬是员工从事劳动或者工作所应得到的物质报酬，并且薪酬和员工的切身利益密切相关。当然，薪酬更和企业的经济利益密切联系，是企业非常关心的重大问题。由于薪酬在企业成本中所占的比重非常大，所以，薪酬像把“双刃剑”。一方面它是激励员工以便达成企业目标的主要手段；另一方面，更是企业运作的主要成本之一。如果运用不合理，就会给企业带来严重的损失。由于薪酬激励的重要性，本章我们就来了解薪酬再造的有关知识与操作技巧。

成员离心大多由于“薪”

根据有关调查显示，员工认为自己所赚取的薪酬与自己的能力不适配，是员工跳槽的主要原因之一。所以对企业产生不满意，最后只有通过跳槽的方式去追求高薪。在这其中，也许会有员工对自己能力高估的情况出现，可是更多的原因可能是因为与企业薪酬制度不那么合情合理相关。

员工对薪酬表示不满主要来源于三个方面：

第一，内部环境。像是A觉得自己很有能力，产生的绩效也可以，可是收获的薪水和同部门的B比较显得过低，因此就非常容易引起A的不满。

第二，部门之间的差异。像是一个部门与另外一个部门相比，工作非常简单，压力又很小，但是拿到的工资比后者却高出许多。

第三，外部的竞争。有很多员工认为自己的工作压力过大，除了总是加班，并且不容易获得休息时间，主要是获得的薪水相比竞争对手少很多。有时候企业采取薪酬保密政策来应对员工如此的不满情绪，只是薪酬不可能做到完全保密。所以要解决员工对于薪酬的不满，就要发现问题的本源，进而快速解决问题。

事实上，薪酬是不是合理关键在于薪酬制度制定得是不是合理。企业和员工因为薪酬问题导致的矛盾，一般是由薪酬制定不合理所致。因此，企业可以考虑如下几个问题来对员工的薪酬进行合理制定。

- 薪酬的制定是不是根据职位分析实施？
- 薪酬的制定是不是和员工的绩效有关系？
- 薪酬的制定是不是和员工的能力有联系？
- 薪酬是不是能够做到公平公正？

假如企业能够完美地解决这四个问题，即便薪酬公开，那么所导致的影响也会非常弱。原因是员工会认为自己处在一个公正的环境内，因而员工对薪酬数字的重视度逐渐淡化。

企业怎么样做到公平公正是解决上述问题的关键。企业各个部门由于岗位和职责的不同，因此对绩效的考核标准也不尽相同；除此之外，员工的能力很难量化成一个具体的数值，怎样保证员工对自己能力的评估与企业对其能力的评估保持相同，这些才是问题真正的关键点。俗话说，所有人心里都有一杆秤，要想保持平衡，不仅要企业与员工的衡量标准达成共识，还要对各种标准进行细致化，不仅符合企业的利益，更可以让员工接受。

所以，薪酬制度不可以实行统一标准，即不同性质的岗位薪酬制度是有所差异的。比如：对计件工资的岗位与提成工资的岗位，通常采取低固定、高浮动的薪酬制度，由于这些岗位的工作效果通常能够用量化有形的业绩表现，比如把高浮动的薪酬部分和该岗位的业绩直接相联系，有助于激励员工的工作热情；对于行政事务型岗位，通常采取高固定和低浮动的薪酬制度，其主要原因是事务性的工作考核客观程度很低，主观性强，高固定的薪酬制度有助于增加员工情绪的稳定感和心理安全感。

当然，薪酬制度还与企业的发展阶段以及企业所倡导的文化环境气氛有联系。比如，企业在创业初期，通常鼓励拼搏进取的精神，增强员工心理压力，需要低固定与高浮动的薪酬制度相叠加；到达成长期后，企业通常特别关注管理能力、市场开拓能力等各种能力的提高，这时要合理提升能力强的人员和增加关键岗位的固定薪酬，演变成固定薪酬的层次结构，来确保或留住关键人才；当企业进入成熟期之后，企业的运营模式相对稳定，那么企业的核心人才就需要用高固定和低浮动的薪酬制度来对其历史业绩加以肯定，增强员工的稳定感与归宿感，为企业连续不断的长远发展提供人才保障。

总而言之，合理的薪酬可以留住核心人才，也能够让员工看到希望。

重新审视企业薪酬

薪酬是一个界定比较宽泛、内容十分丰富的领域，不同的行业和部门对薪酬的内涵和外延的界定也不尽相同，从而导致人们对薪酬的定义存在较大的差异。但有一点是所有学者所认同的：薪资是劳动的报酬，是员工通过付出自己的体力或者脑力劳动，从组织中获取的一切物质和非物质的回报。

另外，有人认为薪酬是指企业向员工提供的报酬，用以吸引、保留和激励员工，具体包括工资、奖金、福利和股票期权等。

那么根据上述定义，薪酬和传统意义上的工资有什么不同呢？下面我们来做具体的概念解析。

(1) 工资是指企业依据国家的法律规定和劳动合同，以货币形式直接支付给雇员的劳动报酬。工资有广义和狭义之分。狭义的工资就是指我们所熟悉的基本工资或标准工资。通俗地说就是指我们日常工作中所说的“工资”，是指单位部门按照一定的周期（通常是一个月），定期向员工发放的固定报酬。比如我国军官的月工资主要由基本工资、军龄工资、职务工资、军衔工资四部分构成。广义的工资包括基本工资、奖金、津贴、补贴、劳动分红等。这个广义工资的概念和我们下面所要涉及的薪酬概念有很多的重合之处。可以说广义上的工资构成了薪酬的货币形式。

(2) 薪酬，从市场的角度来看，薪酬其实是人力资源价值的一种市场形式，即人力资源价格；而从公司利润的角度来看，薪酬是员工体力或脑力劳动等要素投入的产出回报，即所谓的劳动报酬。

薪酬的构成多种多样，从不同的角度出发可以有不同的构成方法。从经济学的角度来看，薪酬可以分为经济形式的薪酬和非经济形式的薪酬。其中经济形式的薪酬又分为直接的和间接的薪酬。直接的薪酬包括：基础工资、绩效工资、奖金、股权、红利和各种津贴。绩效工资与奖金的不同之处在于：绩效工资具有波动起伏的长期性，而奖金具有一次性。间接的薪酬又可以分为保险、补助、优惠和各种服务等。非经济的薪酬包括工作本身、工作环境和组织特征三方面。这里主要是指员工在工作的过程中获得的成就感、对工作氛围的满意度等。随着市场经济的发展，这一部分非经济的薪酬占据着越来越重要的地位，在企业中发挥着越来越重要的作用。

另外，影响薪酬高低的因素有很多，主要体现在以下两个方面。

1. 影响薪酬的外部因素

(1) 国家或地方法规政策的规定

在我国，首先表现为法规对最低工资的规定。随着社会市场消费价格指数变动、社保缴费基数增加、经济发展水平的提高等多种因素的促进，为了切实保障员工的利益，国家劳动部门对工资底线做出了一系列的规定。其次，劳动法规对薪酬的影响因素体现在对员工福利、保险、津贴的规定和限制要求上。例如，某地区对最低工资以外的一些薪酬项目作出重点支付的规定，这些项目有：一是加班加点的工资；二是中班、夜班、高温、低温、井下、有毒有害等特殊工作环境、条件下的津贴；三是法律、法规和国家规定的劳动者福利待遇等；四是个人缴纳的最低住房公积金。

（2）劳动力市场供求

劳动力市场供求也在很大程度上对薪酬产生影响。在现代的市场经济中，劳动力也是一种商品，而在市场经济条件下，市场需求对产品价格有着决定性的影响。这里可以通过一个例子来具体说明，例如，某地区去年某行业人才需求为1000人，可社会所能提供的劳动力仅为500人，这就造成了供小于求，很显然此时的劳动力价格就大于预期的价格。反之，当供大于求时，劳动力价格就会降低。

（3）行业的平均水平

行业的平均水平作为企业制定员工薪酬的一个外在参考指标，对薪酬的影响力是比较大的。例如，在我国当前垄断行业员工工资比较突出，其中电力、电信、金融、保险、水电气供应、烟草等行业职工的平均工资往往是其他行业职工平均工资的几倍，如果再加上工资外收入和职工福利待遇上的差异，差距会更大。同样，在市场上其他高新技术企业、法律等行业的收入也一路飘红，远高于其他行业。

（4）当地居民的生活消费水平

当地居民的生活消费水平与当地员工薪酬的制定也有着一定的关联。对现阶段的我国来说，地区差异往往要比行业差异更显著。同样作为直辖市，北京、上海、重庆的同行业收入差距是很显著的，甚至在同一个省区内，因为居民消费水平等因素的综合作用，各行业的收入差距也会有很大差异。

2. 影响薪酬的内部因素

上述几点均是影响薪酬的外部因素，然而各企业单位内部情况的不同有时对薪酬的影响比外部因素会更大。下面我们来具体讨论影响薪酬水平的内部因素。

（1）经济实力

一个企业假如拥有很强的经济实力，换句话说，这个企业在同行业之中是个品牌企业，那么对它的员工来说，他们的薪酬待遇毫无疑问是高于经济实力差的同行业企业员工。这一点不难理解。例如，在一个普通销售培训网

络公司上班的编辑，其月收入为2500元左右；可是同样是做编辑，只是他的一个朋友在中国销售培训网工作，月收入就可以达到5000元以上。这就是一个典型的同行业由于单位的经济实力而影响薪酬的例子。

（2）企业所处的发展阶段以及企业的经营理念

企业所处的发展阶段以及企业的经营理念对员工薪酬有着很大程度的影响。比如，当企业处于创业初期的时候，就会强调对员工的激励，此时的待遇往往会比较高。此外，一个企业的经营理念尤其是高层对员工薪酬的态度，对员工收入的影响也是很大的。

现今企业薪酬体系存在的问题

现在，很多企业都认识到薪酬对于员工激励的重要性，因此，它们都建立了适合本企业发展和激励员工的薪酬管理体系，但是由于对薪酬激励的运用不当使得现在企业的薪酬管理体系存在许多的问题。下面我们首先来看一个案例。

HL公司是一家广告公司，20世纪90年代初由几个大学生在海南岛开发创立。经过十几年的发展，该公司已经发展成为华南的一家知名广告企业，同时员工规模也从当时创业之初的几个人发展到现在的近千人。

创业之初员工很少，在薪酬的管理和分配问题上，主要由几个老板商量决定。因为当时谁的技术过硬、谁的贡献大，大家都是有目共睹的，所以大家都觉得老板的判断很公平。每个员工工作都很有激情，谁也没有怨言。然而随着公司规模的不断扩大，员工增多，老板的事情也多了，几个创始人都在独当一面，很难有时间碰头专门解决员工薪酬的问题。有时老板的判断缺乏足够的接触就会有失公平，久而久之，人心开始浮动，怨言四起。正所谓“不患寡而患不均”，员工并非对自己的绝对收入不满意，而是在相互比较之下总觉得不公平。于是事情变得越来越严重，几个老板在开例会时决定重点整治关于薪酬的问题，于是交给人力资源部门去建立一个新的薪酬体系，以适应现在的发展需要。人力资源部经过市场调查后，建立起了一个初步的薪酬计划。实施下来后发现似乎有点起色，员工不平的议论也减少了。这个薪酬方案就是“基本薪酬+年度奖金”。对于内部的员工来说还算比较适合，可是不久问题又出现了。

在人力资源部门的对外招聘会上发现：应聘的大学生对公司的薪酬颇有不满。因为刚来公司，大家在乎的只是基本薪金，对于没有多大把握的年度奖金则关注不够，有的初聘者甚至认为这家公司有“画饼充饥”的嫌疑，其结果是大家都不愿来公司工作。几个创始人在听取人力资源部门的报告后开会分析，认为现在企业处于发展急需引进人才的关键时期，就决定增加基本薪酬，相应地取消了年度奖金，但工资总额增加了，简单地就工资结构进行了一些调整。于是工资结构变成了“基本工资+浮动工资”，即在月度的考核中，绩效优秀的员工除了可以拿到全额工资外，还可以领到超额的绩效薪酬；绩效差的员工的绩效薪酬就要被部分或全部扣除。但是为了有效地控制公司总的成本开支，工资成本总额不变，所以有人多拿，肯定就会有人少拿。

这一浮动工资制度实施不久后，各个部门负责人就纷纷抵制，因为员工感觉到部门经理掌握着自己的命运。同时，这一工资方案也增加了员工之间的人际障碍。具体来说就是一个绩效优秀的员工多拿了钱，但是面对熟悉且经常见面的绩效差的员工就会感到尴尬，因为一起工作了那么久，我拿了他的钱，以后该如何面对？甚至绩效优秀的员工成了其他员工发牢骚的对象。部门经理也面临着各方面的压力：全是得罪人的事情。最终一个现象发生了：部门经理选择了“中庸之道”，即给所有员工都打上了“合格”，其结果是大家的绩效没有差别。

于是整个薪酬方案就失去了效应。激励的效果没有达到，反而闹得企业几乎是“人心涣散”，很多昔日和创始人一起“打江山”的老员工辞职了，紧接着一大批新进的员工也提出了离职申请……

人力资源部门经理头痛了，几位创始人也头痛了。

从上述案例我们可以看出，薪酬问题是该企业人才流失的重要原因之一。新浪网也曾有过一项对薪酬的类似调查。该调查结果显示：员工认为对薪酬“不错和非常满意的”仅占0.63%；认为“一般，不太满意的”占59.73%，这不仅反映出了我国部分企业在薪酬待遇上缺乏吸引力、难以留住人才，更反映出企业在薪酬设计上存在着严重的问题。

依据本案例，结合现实中的情况，总体来看，企业现行的薪酬激励体系主要存在以下几方面的问题：

1. 薪酬激励功能的错误定位

在很多企业中，对薪酬的作用存在着以下两种比较错误的定位。一种是把薪酬的作用看得过重，甚至认为薪酬是有效激励的唯一手段。“重赏之下必有勇夫”就是其鲜活的反映，把员工完全物质化。对薪酬功能的另一种误解是薪酬即是一种成本。持这种观点的管理者往往认为，应该尽量缩减成本，也就是能不给员工的薪酬就尽量不支付。

正确的薪酬功能定位应该进行如下思考：薪酬对于普通人群或者说是低层级员工群体（尤其是制造行业的员工）来说，具有很强的现实意义，因为对他们来说薪酬是最直观的外在激励体现，具有很明显的激励效果。另外，在高新技术企业中，管理者所面对的是知识型员工，薪酬也许并不是最有效的激励手段。因为知识型员工除了对物质上有一定的需求外，对工作本身也有较高的期望。

2. 薪酬结构划分过细

要想达到一个比较理想的激励效果，薪酬在结构的设计上必须要科学合理。然而在实践中，我们发现很多企业的工资表上会有多达十多项的工资构成。这些企业的管理层认为薪酬设计应当体现出实际工作中所有的岗位、技能上的区别。实际上，企业如果把薪酬的构成划分得越细，越可能起到相反的作用效果，细分的项目越多，员工的注意力就容易分散，也就越不注意工作本身而关注于其细分的标准，因为不可能所有的标准都只限于工作本身，这样就会造成“失之东隅，收之桑榆”的后果。

3. 薪酬体系中激励手段单一

现行的企业薪酬制度中有很多只是注重薪酬本身的多少，完全将薪酬的数量当作激励的唯一手段。实际上薪酬体系应该是一个多项子系统组合的集合体，比如，如何制定工资、什么时候发放都是很重要的。薪酬应当与员工的工作热情、创新愿望以及员工的工作成果直接相结合，这样薪酬制度才更有激励性。

4. 薪酬激励体系的设计与企业发展战略相脱节

目前，很少有企业将薪酬激励体系的构建与企业发展战略有机结合起来。薪酬激励体系是企业人力资源管理系统的一个子系统。如果薪酬激励体系与组织的战略规划相脱节，就不能使员工把他们的努力和行为集中到帮助企业在市场中竞争和生存的方向上去，就不能使员工和企业确立共同的价值观和行为准则。如果员工无法确定本企业中最有价值的东西，他们就会产生就薪论薪的现象，把薪酬本身当成一种目的。那么当其他企业拿出更高的薪酬时，人才的流失则不可避免。薪酬管理与人力资源战略脱节的结果只能是耗费了大量的人力、物力和财力而留人效果甚差，而且在补充和增强其他人力资源子系统（比如人员选拔、培训和绩效考核等）的作用时，就会缺乏说服力。

5. 薪酬激励的管理过程不透明、缺乏沟通

薪酬激励的管理过程是需要透明化的，因为对于大多数员工而言，薪酬的透明化是公平的基本要求。如果这点要求都不能满足，员工盲目猜测只会耗费精力，并且会增加员工之间的猜疑，造成员工的不满和抱怨。大多数企业都有自己的一套薪酬制度，但是有的企业为了对薪酬进行保密而不愿与员工进行交流，多采用保密薪酬制，使得员工很难判断在报酬与绩效之间是否存在着联系。这样的薪酬激励效果可想而知。

有效薪酬管理的四大技巧

在进行薪酬管理时，要留心管理的方法与技巧。以下介绍的技巧是进行薪酬管理必不可少的方法。

1. 薪酬管理要体现员工的根本需要

依据马斯洛的需求层次理论，人类的需求被划分为五个等级：生理需求；安全需求；归属与爱的需求；自尊的需求以及自我实现的需求。马斯洛的需求层次理论认为，这五种需求是以一种循序渐进的层次表现出来的。换句话说，个体必须满足较低层次的需求，接着才会有更高一层次的需求。人的生

理需求与安全需求是较低层次的“匮乏性的最基本的需求”。企业为员工提供的薪酬不但满足并维持了员工和其家庭生存的基本需要，而且一份稳定的工作与收入也会有利于巩固员工的安全感。

在整个薪酬的管理过程中，因为薪酬发放的形式多种多样，员工的情况也各不相同，所以各种薪酬所起到的作用也就不尽相同。具体来说，基本工资可以满足经济贫困员工的生活需要，而绩效薪酬则对促进绩效卓越的员工的工作有很强的激励作用。

要充分依据员工的个体差异来制定相应的薪酬，不能搞样板化、统一化。只有依据心理需求理论，具体问题具体分析，才能使不变的总体薪资投入发挥最大的效用。

2. 薪酬管理要照顾员工的公平感

以下结合一个历史故事加以说明。

唐高祖李渊有一次率军进攻霍邑，当时士兵中有相当一部分是奴隶出身，正是因为这部分奴隶士兵的英勇顽强和不怕牺牲最终成功地攻占霍邑。庆功宴上李渊提出重赏士兵，此时有大臣提出：“奴本贱，赏之不合法理。”这时李渊回答：“矢石之间不辨贵贱；论勋之际，何有等差？”正是靠着这种赏罚公平之管理，士兵甘愿为其效死杀敌，李渊也终于得以扫平隋末群雄，建立了近300年的大唐江山。

从这个故事中，我们看到了公平的重要性。在企业的薪酬管理中同样需要这种公平，近现代很多经济学家、心理学家、管理学家所提到的公平理论大致意思也是如此。亚当斯的公平理论认为：员工对于薪资的分配所关心的不仅仅是自己的绝对收入，他们更为关注的是自己的相对收入，即将自己的投入与报酬情况同他人相比较的结果。这个比较的结果将会直接影响员工在今后工作中的积极性。

当人们感到自己遭遇不公平待遇时，在心里会产生苦恼，呈现紧张不安，导致行为动机下降，工作效率下降，甚至出现逆反行为。个体为了消除不安，一般会出现以下一些行为措施：通过自我解释达到自我安慰，造成一种表面上公平的假象，以消除不安；更换对比对象，以获得主观的公平；采取一定行为，改变自己或他人的得失状况，发泄怨气，制造矛盾甚至是离职。

不公平、不合理会带来心理挫伤和引发内部矛盾。中国古代就有“不患寡而患不均”的说法。由此可见，薪酬的激励效能的发挥在很大程度上取决于受激励者对所获薪酬公平性的感知。因此，为了避免职工产生不公平的感觉，企业首先要加强薪酬分配的公平性，这对提升员工的积极性大有好处。其次可以在企业中营造一种团结合作的气氛，以减少员工因相互攀比而产生的不公平感。

3. 营造一个以人为本的管理环境

需要强调的是，不管采取什么样的薪酬模式，要想充分发挥薪酬对员工的激励作用，都需要做好以下几项工作：

第一，营造一个“尊重科技，尊重人才”的企业文化氛围，使员工树立安全感、归宿感、自尊感、满足感、社会荣誉感，让他们学得安心、干得顺心、拼得欢心、活得舒心。

第二，将员工的职业管理与薪酬管理有机结合起来，满足员工职业期望需求。企业要通过加强职业管理，将员工的职业目标与组织的战略目标有机统一，并通过制定相应的薪酬策略促进员工个人职业目标的实现，促进员工与企业共同成长。

第三，将员工纳入企业长期激励体系。在产权清晰、机构健全的情况下可以通过设计和实施适当的股票期权计划，使员工与企业结成命运共同体，以期达到长期激励的目的。

4. 把部分薪酬设置为奖励

企业在进行薪酬管理的时候，还可以把部分薪酬提取出来，设置为奖励的形式进行发放。在进行奖励的时候，要注意如下几个关键：

（1）明确奖励的标准

在企业管理中，管理者如果想用一种物质来激励员工按照某种方式进行工作，那么作为奖励的实施者就应该十分清楚员工什么样的行为表现与绩效会获得奖励，这个行为表现和绩效标准必须是清楚且可以量化考核的指标，同时还需要员工清楚理解这个标准，并且知道怎么按照要求去做就可以获得奖励。反之，如果奖励的标准仅仅是用“有提高的”“超出预期的”等类似的模糊字眼来定义的话，那么员工就会感到困惑，甚至会感受到不公平，对企业产生厌恶和反感，更不要说去努力工作以期得到奖励了。

（2）对任何满足标准的员工都应该给予奖励

在明确细化奖励的标准和制定了相对客观的评价对应体系后，为了激励更多的员工发挥他们更大的潜力，还应把奖励建立在个人标准化的基础上，对达到相应标准的任何员工都给予一定的物质奖励，而不建议使用竞争的方式引起员工内部的不和谐。

（3）奖励结果和行为并重

在关注员工的绩效的同时，为了更多奖励员工以激发员工的工作热情，关注员工的行为和工作态度同样重要。因为典型的行为是可以树立奖励榜样的。奖励了积极的行为，肯定了积极的工作态度与奖励的正面有效的结果是同等重要的。

（4）创造有效奖励的气氛

奖励是对先进的行为和结果进行表彰的一项激励措施，它需要一个能起到激励效果的气氛。如果奖励只是在一种平淡的气氛中进行，那么奖励的效果可能就会大打折扣，仅仅是起到“保健因素”的作用。

（5）奖励要客观，不要胡乱或过多

企业实践中有无数的例证表明，奖励机制不合理会出现致命的混乱。其突出的表现是：员工最期盼的行为没有得到奖励，而受到奖励的行为恰恰是企业反对的，比如我们常说的“没有功劳也有苦劳，没有苦劳也有疲劳”就是典型的错误。奖励的目的在于鼓励先进、激励创新，这样的奖励只会让很多员工寒心，最后随波逐流。

（6）奖励的内容要多样化

为了使更多的员工受到激励，奖励的内容和形式要真正符合员工的需要，奖励手段要多样化。20世纪中叶，我国奖励的主要形式是奖励一些毛巾与茶杯等，而当代这种形式的激励效果已不复存在，人们需求的是住宅、旅游等更高层次的更体现价值的奖励。换句话说，激励的作用并不仅仅是只和奖励的物质有关，而应当是最能满足员工需求的奖励才能起到最大的激励作用。

企业不同阶段的薪酬策略

在不同的发展阶段，组织所面临的情况也不尽相同，所以所采取的薪酬策略也是有区别的。

1. 组织初创期

在组织初创的时候往往规模较小，而且也缺乏品牌、资金、市场等。正是因为这些原因导致了初创组织缺少人才吸引力。在组织刚刚创立之初，其通常会重视提高产品和服务的质量，在营销和顾客关系层面上花费更多的精力，将更多的资金投入到产品设计、服务、生产和销售等创造价值的环节中。此时，除了对一些核心员工，组织不会对其他员工投入更多的薪酬成本。

所以，初创期组织的薪酬设计往往会受到各种因素的影响和制约，如初创组织的规模、组织的发展目标、产品的生命力和被市场接受的程度……那么如何才能形成既符合组织自身发展规律，又可以使组织在激烈竞争环境中生存的薪酬管理体系和制度呢？下面我们就简单谈一下初创组织薪酬设计应当注意的几个方面：

(1) 强调外部竞争性，淡化内部公平性

处在初创期的组织，其经营规模和市场占有率都很小。无论是生产还是销售都需要大量的人才来推动组织的发展。在人才方面，因为初创组织在各方面都没有吸引力，所以对于组织急需的核心人才，只能通过高薪吸引社会人才的加盟；而对于那些非核心员工，组织所设立的薪酬体系不需要具有市场竞争性，只需要达到市场平均水平即可。

对于创业元老来说，工资收益、社会地位等都不能成为吸引他们的主要元素，而真正吸引他们的是创业激情和工作热情。然而对于那些苦心找来的组织核心员工，具有诱惑力的高薪和组织战略发展的远景才是吸引他们的原动力。所以，初创组织所设计的薪酬体系应当把重点放在薪酬的外部竞争性上。除此之外，处于创业初期的组织因为其业务流程和组织框架都不稳定，职责也不是非常明确，往往会出现一人多职或职责交叉的问题，所以，员工不应过分强调内部薪酬的差距，而是应更加注重公平。

（2）提高薪酬构成弹性

处于创业初期的组织流动资金往往较为紧张，如果想要减轻财务负担，组织应当弱化薪酬的刚性。也就是说，创业初期的组织总体薪酬应当具有更大的弹性，维持较低的基本工资和福利的比例，加大绩效奖金的比重和调节范围。一方面，组织的发展离不开员工的努力工作；另一方面，组织需要给员工提供广阔的业绩空间，只要员工努力工作，其工作绩效就能得到很大的提高。此时，作为组织对员工的主要激励手段，薪酬不仅可以直接满足员工的收入和成就感，而且还能使员工增加对组织的认同感和归属感。

这时候，由于组织所面临的流动资金紧缺等财务压力，当其没有办法承诺具有竞争性和短期性的薪酬激励的时候，可以尝试运用长期激励的方法来吸引与留住企业核心人才。这种长期激励方式包含股权和未来收益以及未来职务。除此之外，公司经常采用的另一种长期激励方式是弹性福利，公司可以把一部分员工的工资以弹性福利，比如住房补贴、继续教育或者汽车贷款等形式发放给员工，如此这般除了加强了员工的归属感，还使得薪酬的弹性得到了加强。

2. 快速成长期

处于快速成长期的组织，或者是在同行业竞争中占据有利地位，或者是处于产品市场急速发展的阶段，或者是产品或服务具有了一定的知名度。从某个方面来说，组织的扩张就意味着人才的扩张。随着员工的不断增加，组织也需要建立更加科学合理的薪酬体系。该阶段的薪酬设计要注意以下几个方面：

（1）重视内部公平性，保持薪酬外部竞争性

在这一阶段，由于组织规模得到了不断扩张，其主要业务流程和组织架构日趋平稳安定，岗位职责划分逐渐清晰明确，一定程度上表明了组织已经慢慢地走进了规范化管理的阶段。在这一阶段，组织可能会尝试进行制度化管理，以职位为基础的薪酬体系可以说是最适合的选择。

此外，伴随着成长速度的不断加快，公司对人才的需求也越来越急迫。几乎公司的所有部门或者是环节都需要人才的加盟，进一步确保公司的连续快速发展。

在这一阶段，某些有战略发展眼光的组织依据行业薪酬状况一般会通过购买行业薪酬调查报告等情报，然后及时调整组织内部的薪酬标准，进而维持组织自身全方位的竞争力与吸引力。

（2）保持薪酬结构的灵活性

处于迅速成长期的组织通常保持着良好的销售业绩，组织的现金存量伴随着资金回流速度的加快也在不断增加。雄厚的资金使得组织完全有实力恰当提升基本工资基线与福利水平，进一步增强薪酬的外部竞争力。此外，处于积极扩张时期的组织仍然需要借助薪酬分配机制，指引员工正面并且积极的工作行为，因此，薪酬结构中的激励部分也应当适度增加。

3. 组织成熟期

当组织发展进入到成熟稳定时期，不管是其组织规模、产品销量，还是市场占有率均达到了最高最好状态。这个时候，组织所要制定的新的战略目标就是怎样维持组织当下拥有的生产运营水平，并且能够实现新的突破与发展。自信地说，处于成熟期的组织无论在哪个方面的发展全部是处于鼎盛时期。这种鼎盛和组织共同发展的员工是分不开的，然而，工资刚性很快变成了组织薪酬重置的阻力之一。假如组织依然是维持最初的薪酬结构与水平，其结果就是导致组织只能从“成熟期”滑向“衰落期”。假如薪酬体系可以得到及时调整，不但能够延长成熟期的时间，而且还可以为组织新的发展契机提供薪酬激励保障。

4. 组织衰退期

当产品销量和利润开始下滑，就是组织处于衰退期时。在这个特殊时期，组织的发展目标应当调整为“保证销量和业绩，确保组织的存在”。此时，主要能够从如下方面入手：

（1）继续策略

继续沿用过去的策略就是所谓的继续策略。组织依然遵照过去的细分市场，使用同样的分销渠道与定价以及促销形式，直到这种产品全部退出市场为止。

（2）集中策略

把组织能力和资源集中在最有利的细分市场和分销渠道上就是集中策略，

并且从中赚取利润。这种策略不但有助于延缓产品退出市场的时间，而且还可以创造更多的利润与价值。

（3）收缩策略

抛弃无希望的顾客群体，降低促销水平，减少促销费用，增加目前的利润的方式就是收缩策略。这种策略的好处是能够从忠实于这种产品的顾客中赚取利润，坏处是容易加快产品在市场上的衰退速度。

（4）放弃策略

逐渐放弃经营那些衰退比较迅速的产品，甚至是能够完全放弃即是放弃策略。比如，采取逐步放弃的方式，使其所占用的资源逐步转向其他产品，或者是将产品完全转移出去，也可以是马上停止生产。

总而言之，一个企业在不同的发展阶段应该采取不同的薪酬策略。不仅有利于企业的发展，而且能够依据不同的阶段来合理满足员工对薪酬的要求。

企业不同年龄员工的薪酬策略

在一个企业中，不同年龄段的员工对薪酬的要求是不同的。根据这一事实，企业应基于不同的年龄段的员工采取不同的薪酬策略。下面我们就简单了解一下。

1. 21～30 岁年龄段

处于这个年龄段的员工往往是刚刚离开学校进入社会的学生，其群体特征主要表现为：可塑性强，创新能力强；精力充沛，充满激情；追求自我价值实现；急于求成，且很容易发生异动；因为步入社会时间较短，工作时间不长，所以没有什么经济实力。

一些数据资料显示，公司内处于这个年龄段的员工工作年限最长的为 11 年，最短的还不到半年，平均工作年限也仅仅为 3.23 年，因此，他们没有很大的经济实力来保证自己的生活或者是高质量的生活。另外，处于这个年龄段的员工在工作之后需要实现心理角色的转换，之前在学校中是依靠父母生活，现在是依靠自己，所以他们需要公司为其提供一个较为安全的环境来实现这个转换。与此同时，这个阶段的员工还面临着花费较高的结婚和住房两大问题，所以对金钱的需求比较急切。依据马斯洛的需求层次理论，可以确定他们处于生理需求和安全需求阶段。

根据他们所具有的特点，公司除了给他们提供丰厚的工资待遇外，福利待遇可以金钱性福利、优惠性福利和机会性福利中的带薪假为主，实物性福利为辅，帮助他们一步步解决生活中所面临的问题。

依据公司目前的状况，建议采用如下福利项目：

①金钱性福利：交通补贴、通信补贴、防暑降温补贴、过节费。

②优惠性福利：住房补贴、租房补贴和购房免息贷款。

③机会性福利：带薪假。

④实物性福利：免费工作餐和单身宿舍（单身宿舍和租房补贴二选一）。

2. 31 ~40 岁年龄段

处于这个年龄段的员工，在经历了前一个阶段的磨炼之后，基本上完成了角色转换。随着工作阅历的不断丰富和技能的不断提高，他们迫切期望能够得到社会的认可和实现自我价值。此时，他们关注的多为成就、名声、地位和晋升的机会等。依据马斯洛的需求层次理论，他们处于社会需求阶段和尊重需求阶段。

数据资料显示，公司内处于这个年龄段的员工工作年限最长的为 15 年，最短的为 1 年，平均工作年限为 10 年，其专业知识和社会经验较为丰富。然而，这个年龄段的员工承担着较大的家庭责任，在追求丰厚收入的同时，也希望有一定的社会地位，且得到他人的尊重。因此，在公司福利体系建设时针对这个群体的员工，建议以机会性福利为主，包括内部晋升、集体活动、在职脱产培训和公费进修。与此同时，公司也可以考虑为员工提供一个相对稳定的工作环境，甚至是二次创业的机会。

3. 41 ~50 岁年龄段

这个年龄段的员工处于事业和精力的黄金阶段，在经过前两个阶段的磨炼之后，经验更为丰富，独立解决问题的能力也非常强。依据马斯洛的需求层次理论，他们处于自我实现阶段。

这个年龄段的员工因为所面临的家庭经济压力大大减小，所以会有足够

的时间和精力投入到技术创新和管理创新中去。因此，公司给他们最好的激励就是项目的研发和创新，为他们提供一个良好的晋升空间，也就是以机会性福利为主。

4. 51～60 岁年龄阶段

这个年龄段的员工在经历了自己人生鼎盛期之后，逐渐进入了暮年，开始考虑如何好好地度过自己的晚年，所以公司应当为他们提供稳定的工作和良好的环境，在福利设置方面以金钱福利中的补充养老金和补充医疗为主。

5. 60 岁以上

从社会责任来说，这个年龄段的群体已经完成了历史使命，所以准备安享晚年了。然而，因为各种各样的原因，这个群体还在社会不同的行业和岗位上发挥着自己的余热。针对这个群体，公司所设置的福利可考虑旅游、免费体检和老年文体活动等。

这就是针对不同年龄段的员工，建议公司所采用的福利形式，即菜单式的福利体系。然而，从组织福利体系可操作性来说，公司应当考虑福利体系实施的难易程度和实施成本。实践证明，大多数公司主要采用的是以金钱性福利、优惠性福利和机会性福利为主，以服务性福利为辅。

企业核心人才的薪酬激励

对企业稳定、有效经营起保护作用，并在企业重要岗位上工作的人才都可以称为企业的核心人才。其具体可划分为企业的经理类人才和关键技术人才以及核心操作人才三种。企业核心人才是企业核心竞争力与核心能力的根本来源，他们的去留与管理对高技术含量的企业有着十分深远的影响，是一个企业兴亡成败的重要原因。

我们听过太多的企业由于人才尤其是核心人才的流失导致利润下跌乃至破产的真实案例。那么究竟如何才能留住这些核心人才，让其为企业发挥最大的作用呢？这里从短期与长期薪酬两方面分别介绍。

1. 短期激励薪酬

能够满足核心人才近期生存需要的一种薪酬称为短期激励薪酬。这里我们介绍两种方式：年薪制与年度奖金计划。

（1）年薪制

企业以一年为周期单位，来确定中高层管理者和高级核心人才的基本报酬称为年薪制。年薪制是一种国际上较为流行的支付企业经营者薪金的形式，年薪制是以企业的经营业绩指标为标准用来确定经营者年度薪酬的一种制度。包括基薪与风险收入两大块。其中基薪依据相对同行的经济效益水平与生产规模、本地区经济情况以及员工平均收入等基本因素来确定；风险收入则依据本企业完成的经济效益水平、生产经营责任缓急轻重，风险程度高低等非确定因素来确定。年薪制本质上就是区别对待经营者与普通员工，并让经营者的收入和经营成果密切联系。年薪制成为一种激励机制在西方已推行数十年，中国是自1992年开始进行试点工作。从推行成效来看，的确刺激了经营者，同时也对经营者起到一定程度的限制作用。

年薪制包括两种模式：

①欧美模式。其特点是长期刺激项目在经营者总报酬中所占份额大，经营者和一般员工收入的差距太过悬殊。

②日本模式。其特点是长期激励项目所占份额较小，经营者收入和一般员工相比差距也相对较小。具体选用何种方式的年薪制度就取决于企业本身的具体情况，在此也没有办法一概而论。

年薪制的运用具有很大的优势。第一，年薪制是对经营者有利的鼓励策略，激发经营者为企业追求高利润的热情；第二，年薪制是一种身份与地位的表征，成为中高层管理人员的另一上升驱动力；第三，年薪制脱离了传统薪酬制度的框架，弥补了传统薪酬制度的缺点，成为制定薪酬的又一新路径。

不可否认的是，年薪制也有缺陷。

①一直以来年薪的数额大小受到很多争议，无法形成具体客观的评价准则，通常依据经理人市场的流行情况进行取决。如此的薪资很难使大部分员工认可。

②年薪制的运用有着一定的条件限制。年薪制以经理人市场的健全与利

益风险机制的实施为前提基础，假如不能同时具备这两个条件便不适宜采用年薪制。

（2）年度奖金计划

年度奖金计划是企业为了激励中高层管理人才以及核心技术人才提高短期绩效而实施的一种薪酬激励的方法。它与基本薪酬的区别就是年度奖金的数额会有25%左右的波动。

在实施年度奖金计划的时候，首先需要考虑三个基本问题，即资格条件、基金规模以及个人奖励额。其中资格条件通常由以下两种方法来确定：一是对企业内部职位进行评价，从而确定对企业整体效益有重大影响的关键岗位；二是通过薪资等级来确定资格条件，只要是在某一薪资等级或在其之上的员工都有资格参加企业的年度奖金计划。

其次，年度奖金要注意的是因为其具有激励的作用，因此需要严格遵循按劳分配的原则：谁贡献大谁得到的就多。这就会给企业核心人才带来个人价值的肯定和自我认同感，进而建立起对企业的忠诚感和依赖感。

资格条件确定完后，接下来的工作是基本规模的确定。一般采用的方法是非扣除法和扣除法。所谓扣除法就是从企业纯利润中抽取固定的比例作为激励基金。非扣除法就是企业只有在纯利润达到一定的水平后才会建立这种激励基金。至于采用哪种方法和确定提取基金的具体比例就要看各个企业自身的经济效益和其他发展的需要。

最后，个人奖金额的确定。通常先制定每个具备其奖励资格职位的奖金标准，然后再依据个人的绩效进行微调。

2. 长期激励薪酬——股票期权

股票期权计划，就是公司给予其经营者在一定的期限内（比如3～5年内）按照某个既定的优惠价格购买公司一定股票的权利。这时公司给予其经营者的既不是现金报酬，也不是股票本身，而是一种权利，经营者可以以某种优惠条件购买公司股票，并在高价时将之售出，以从中赢利。

首先，建立企业经营者和高级技术人才的股票期权计划对于激发他们的聪明才智和敬业精神，从而提高企业效益有着不可忽视的效果。一般来说，使用股票期权激励的优势有：一是有利于提高受激励对象对公司的责任心。

当员工受到奖励后，他们的利益就和公司的利益紧密地联系在一起，一荣俱荣，一损俱损。同时，随着一个人的职位越高，其持股的比重越大，其与公司承担的风险就越大，其责任心也就越强。其次，股票期权可以作为一种长期的动态的奖惩制度。一般来说，企业经营者获得股票期权主要有两种途径：一是经营者要投入个人资金购买股票期权；二是根据企业经营者的业绩进行股票期权奖励。依据股票期权持有的股票，应在任期届满或延后几年经考核合格后才允许其流动和兑现，这样做更加强了对企业经营者长期业绩的考核，也从其内心深处促进其关心企业的长期发展。

总之，无论是通过短期薪酬激励还是长期薪酬激励都能达到留住核心人才的目的。

用动态的薪酬留住员工

现如今，很多企业的管理者都在抱怨留住员工的成本不断上升。其实，这种抱怨是有道理的。相关资料显示，有接近一半的员工的第一份工作不超过半年，而公司花在每位员工身上的招聘成本最低为 1300 元，最高的达到了 1 万元，这还不包括隐性成本。

如何顺利地解决这个问题呢？管理者应当以“员工到底要什么？”这个问题为考虑的出发点，为其提供发展的机会和平台，当然，其重要性可想而知，但首要的也是最基础的一条，应该是保证他们的薪水有规律地增长。因为这是所有员工都很关注的问题。

关于薪资，管理者应当对那些工作经验（年限）相同、岗位相同、业绩相同的员工给予基本相同的待遇，如果有差别，也一定要局限在一个小的范围之内。不要总是幻想用极低的价格就能够招到合适的员工，要将薪水级别和岗位分析结合在一起，才能够帮助你更公正地处理薪酬问题。此外，那些有经济实力的公司应当考虑加薪问题，尽量缩短加薪周期，设计加薪方案。因为如果加薪周期太长，工资太低以至于消费水平不高，必然会影响员工的工作效率。

下面我们可以了解一下一位普通员工在薪水支付方面的几个变化：首先是起薪，我们设定月薪为 3000 元人民币，通过试用期之后调整为 3300 元。

那么，6个月或者1年后，薪水会是什么样的呢？这一年，该员工顺利通过了绩效考核，月薪即达到了3600元，在此基础上，该员工同时获得了年度正常加薪，于是，月薪变成了4000元。该员工很高兴地发现，在这短短的一年中，它的薪水提高了很多。正因为这样，他才会努力工作。可见薪水的力量是非常强大的。

如果一个企业中的员工薪水长时期得不到提高，他们肯定会考虑跳槽。所以，要想留住人才，其中重要的办法就是支付高于同行业的薪酬，但这需要付出高昂的代价。对于想长期经营下去的众多微利企业来讲，唯一可做的选择就是让员工与企业共同成长。

如何才能实现员工与企业的共同成长呢？其中最关键的就是让员工的收入与企业效益同步增长。因此，在企业的发展过程中一定要有长远的发展眼光，否则就会使企业迅速垮掉，但懂这个道理的人多，照这样去做的人少。然而明白这个道理并坚持做下去的企业多数都会良性循环，员工的收入在不断增加，企业的财富在持续增长，古今中外概莫能外。

假如你的企业与众不同，员工在企业干得越久、贡献越大，收入越多，那些只能在你的企业才能得到的、超过其他企业员工的收入，或别的企业没有的那部分收入就会为你的企业牢牢地“锁”住这类员工。

不但拿计件工资的员工工资可以做这样的设计，同时计时的主管人员的工资也可以做这样的设计。在设计薪资的时候一定要考虑员工为企业服务的时间和对企业所做的贡献。但很多企业并不能做到这些，在很多情况下，他们的做法与之相反，甚至有意无意地挤走老员工，录用新员工。他们只看到了新员工试用期工资低、无加薪要求，却无视新员工技能差、浪费大这样一个巨大的漏洞。

所有的管理者应该记住，要想留住老员工和吸引新员工，企业就应该比别人做得更好。薪酬设计好了，当别的企业在为“用工荒”犯愁的时候，你的企业已经可以考虑扩大生产了，这就是管理的奥秘。所以要想员工留得住，薪酬结构必须动手术。

通常情况下，企业在设计员工薪酬结构的时候，都会留出一定的浮动空间，这个空间是用来衡量员工的有效付出的，把个人回报与个人对企业的有效付出相联系，这样可以强调个体劳动的能动性，避免不公平现象的发生。

因此，这部分薪酬，我们把它称之为“绩效工资”。那么，企业如何设计出高弹性的绩效工资呢?

绩效工资设计的基本原则是通过激励个人提高绩效促进企业的绩效。即通过绩效工资传达企业绩效预期的信息，激励所有的员工来达到企业发展的目的，使企业更关注结果或独具特色的文化与价值观，促进高绩效员工获得高期望薪酬，保证薪酬因员工绩效不同而不同。

在设计绩效工资的时候一定要做到绩效认可，这是最关键的。所谓绩效认可就是薪酬在多大程度上建立在绩效基础上，绩效工资的关注对象，决定绩效工资的多少……以此为基础，企业还应建立绩效管理体系，以使绩效与薪酬有效连接，而且必须达到以下要求：员工的工作绩效是可以度量的；员工之间的绩效差别是可以区分的；可以体会到绩效差别和薪酬差别之间的关系；业绩薪酬增长的前景将激励提高绩效行为的改变；个人绩效和企业绩效之间存在可以建立的联系。在绩效工资的设计过程中，需要关注以下几个方面的问题：

1. 绩效工资的比例配置

在不同的部门或者是不同层次的岗位上，绩效工资有着不同的配置标准。由于有很多种类的绩效工资，所以这里我们不能一一列举，只是就其中的一种业绩工资来进行说明。业绩工资的配置标准与很多因素相关，如各个岗位的工资等级、对应的外部薪酬水平、个人或团队的业绩联动，使得员工或团队可以通过对业绩的贡献来调节总体工资水平。

一般来说，有两种具体配置方法：一种是切分法，这种方法是依据岗位评价和外部薪酬水平确定不同岗位的总体薪酬水平，然后再对各个岗位的总体薪酬水平进行切分，如某岗位总体薪酬水平（100%）＝基本固定工资（50%）＋业绩工资（50%）；另一种是配比法，先依据岗位评价和外部薪酬水平确定各个岗位的基本固定工资水平，这时应考虑薪酬水平市场定位，这种情况下，一般基本工资水平应定位于市场薪酬水平的相对低位，再在各个岗位基本工资的基础上上浮一定比例，使各个岗位薪酬的总体水平处于市场薪酬水平的中高水平，如某岗位的薪酬总体水平“＝”基本固定工资＋业绩工资（业绩工资为基本工资的40%）。这样就会产生不同的结果。当员工没有达到或低于预期业绩标准的时候，其总薪酬水平低于市场水平；如果达到或高于业绩标准，其总薪酬水平就会持平或高于市场薪酬水平，从而达到员工依业绩控制自己薪酬而激励绩效的目的。

2. 绩效等级和绩效分布

依据绩效评估后对员工绩效考核结果划分的等级层次被称为绩效等级，它与很多方面都存在关系，如具体的绩效指标和标准，企业考核的评价主体和方式；在做到公正、客观对员工绩效进行评价的基础上，绩效等级的多少和等级之间的差距将会对员工绩效工资分配产生很大影响。在设计绩效等级时还要考虑绩效工资对员工的激励程度，等级过多造成差距过小，将会影响对员工的激励力度；等级过少造成差距过大，将会影响员工对绩效工资的预期，致使员工丧失向上的动力。

在企业绩效等级得到确定以后，还应明确不同等级内员工绩效考核结果的分布情况，也就是每一等级内应有的员工数量；通常来讲，企业决定员工绩效分布时基本符合正态分布现象，即优秀的为10%～20%，中间的为60%～70%，而差的为10%左右。严格的绩效分布一方面有利于对员工的绩效进行区分，另一方面也有利于消除绩效评价各方模糊业绩，使得被评价对象的评价结果趋中。

3. 绩效工资分配方式

所谓绩效工资分配方式是指绩效工资如何在个人或团队中进行分配，一般有两种绩效工资分配方式：一种是绩效工资直接与个人业绩工资标准对应进行分配；另一种是绩效工资先在团队间进行分配，然后再依据个人绩效进行分配，这中间又包含两种形式——完全分配和不完全分配。完全分配是将企业计提的绩效工资总额在团队与员工中进行彻底划分，不留剩余；而不完全分配是在控制绩效工资总量的情况下，在团队与员工之间依考核等级进行层次分配，绩效工资总量存在一定剩余。

总体来说，在计算绩效工资的时候一定要记住：前提是达到之前明确规定的目标，然后有效利用薪酬策略和绩效与薪酬的密切关联，这样可以使企业不必为所有的工作支付高薪，而为那些具备关键技能创造高绩效的员工支付高薪，对那些具备一般技能、绩效一般或较低的员工支付平均或低于市场水平的薪酬，从而使企业能够吸引所需的拥有关键技能的人才和留住高绩效员工以满足战略需要，又能够对企业的成本进行控制。

超导链接

如何构建薪酬体系

下面是对创建一个薪酬体系所包括的步骤的描述。为了便于说明，我们采取连续的方式来描述这些步骤，但其中一些步骤可能是同时展开的，一些已经完成的步骤也可能需要根据后来的决策结果进行修正。

1. 职位评价

职位评价是薪酬体系设计的起点。职位评价的目的是决定出每一职位相对于同一组织中其他职位而言，对组织的相对价值的大小。职位评价过程的结果是得到一个职位等级——从组织中具有最高价值的职位到最低价值的职位的一个严格的等级排序。职位评价的点数法不仅可以确认职位之间的等级次序，而且还能提供每个职位的量化的价值，从而为薪酬体系设计者提供职位之间的相对价值差距的数据。

职位评价方法有很多种，例如，点数法、排序法、分类法和要素比较法等，本书将对这些方法一一进行介绍，但是我们选择职位评价的点数法作为薪酬体系设计的起点，主要基于以下几个方面的原因。第一，它是较为通用的职位评价方法。第二，经过数十年的研究，它已经建立起了一套有效度和信度的评价系统。第三，在各种职位评价方法中，点数法能最好地解释评价职位的内在价值的逻辑。通过学习这种方法，你能够很容易精通其他的适用于不同条件的职位评价方法。并且，点数法对于通过薪酬调查数据的引入将内部市场与外部市场联系起来有着特别的用处。

2. 薪酬调查分析

薪酬调查分析是薪酬体系设计的第二步。其目的是决定在相关的产品市场和劳动力市场上，其他企业对类似的职位支付了多少工资。这一分析的结果是得出工资政策线，它表达了职位评价点值（内部的职位价值）和市场工资（外部的职位价值）之间的简单的线性关系。

一旦职位等级建立起来以后，下一步就是要确定关键职位。关键职位就是组织中能够直接与外部市场职位进行比较的职位。这些职位的内容是相对稳定的，与其他组织中的职位是类似的，并且能够被准确的进行界定。通常的决定方式是在职位等级的上层、中层和下层各选取几个关键职位。

在关键职位确定以后，下一步就是要获取这些关键职位的薪酬调查的数据。一个组织可以建立和管理自己的薪酬调查系统，也可以获取外部的公共数据资源，还可以从咨询公司或调查公司那里购买数据。事实上，大多数组织都是从多种来源获取薪酬调查数据的。无论这些数据是来源于企业自己的薪酬调查，还是从商业渠道购买，薪酬体系设计者都必须注意调查的对象是哪些组织。薪酬调查的数据要对企业有用，它就必须是来自于以下几种组织：①雇用具有与本组织相同或相似技能的员工的组织；②员工在一定的职位区域内流动的组织；③在相同或相似的行业中的组织。

典型的薪酬调查包括：参加调查的组织（如规模大小、员工数量、所在行业等）以及支付给要调查的每一职位的直接（即货币收入）和间接薪酬（即福利）的信息。因为一些企业可能提供较低的基础工资和较高的福利，另外一些组织则提供较高的基础工资和较低的福利，所以，只有在考虑总体薪酬时，不同组织的工资比较才有意义。工资范围通常用来反映每一职位的最高、最低和平均（中点）工资。因此，应该对数据进行总结，从而使薪酬体系设计者能够确认每一关键职位的市场流行工资率。这一市场工资率可以作为建立工资政策线的参考依据，以满足某一特殊组织的需要。

一旦确定了每一关键职位的市场工资率以后，常常通过在一幅图的X轴上标出职位评价点值，在Y轴上标出市场工资数据，来建立这些数据的直观表达形式。这种被称为散点图的图表，表达了职位评价点值与市场工资率之间的关系。职位评价点值高的职位往往市场工资率也较高，但这不一定适用于每一个点。

因为关键职位仅仅代表了组织的所有职位结构的一个子集，所以有必要去确认其他的非关键职位的市场流行工资率。其目的是为那些没有明确的市场等价职位的职位建立起市场流行工资率。从数学的角度来看，可以用对关键职位的薪酬调查数据计算出回归方程，使薪酬体系设计者能够在以职位评价点值来表达的内部职位价值和以市场工资率来表达的外部职位价值之间建立起联系。结果是得到工资线——对职位评价点值和工资之间的关系的线性表达。市场工资线描述了竞争者为类似职位支付的典型工资是多少，并且还可以推断那些在薪酬调查中没有涵盖到的职位。

在对工资结构作出决策之前，经常需要对市场工资线作出以下几个方面的调整：第一，因为我们常常要在市场工资数据收集完几个月以后才能进行总结应用，所以这些数据需要进行时间上的推断。也就是说，因为这些数据反映的是组织在过去的一个时点上，给员工支付的报酬，所以我们需要根据他们来推断最近的情况，从而使数据更有意义。对于数据的这种调整需要根据数据收集日期之后的工资水平的变化和生活成本的提高（如通货膨胀）来进行。当通货膨胀或者工资水平增长较高时，调整就会较大。当通货膨胀或者工资水平增长较低时，调整就会较小。薪酬体系设计者常使用工资水平和生活成本在过去的变化来对所需要作出的调整进行判断。第二，因为薪酬体系可能要直到未来的某天才会实施，所以，必须对市场工资线进行一个额外的调整，使之与到薪酬体系实施之日时的生活成本和工资水平的变化相一致。因此，薪酬设计者必须根据信息作出判断，来预测可能的工资水平和生活成本的变化。

在对市场工资线作出了调整之后，还必须作出另外的调整来反映企业独特的工资政策，反映企业独特的工资政策需要各种不同的调整，例如，企业相对于竞争对手是希望采取匹配型、领先型或者滞后型的工资政策。以上描述的对于市场工资线的调整，将产生组织自己的工资政策线，以反映组织的薪酬体系的竞争地位。

随着工资政策线的建立，组织相应开发出了一套关于职位评价点值与工资之间的简单的线性关系。虽然一些企业使用回归方程来为每一职位决定一个唯一的工资率，但更多的企业则是用它来将一个具体的点值范围内的职位进行归类，例如，将所有150~300点的职位分为一等，并以此分出的类别称为工资等级，它们形成了建立工资结构的基础。这种工资等级是组织的管理创新，它使组织能够高效和公平地管理每个员工的工资率。

3. 工资结构设计

薪酬体系设计的第三步可被看作是整个薪酬体系设计的构建。这一步的目的是为员工的薪酬分配建立具体的管理政策。这一步的成果是得到一个工资结构，来决定企业中每一职位的工资和工资调整技术的框架。

设计工资结构的起点是将相近点值的职位从逻辑上进行分组。因为是将相近但却有不同点值的职位分为一组，所以必须十分谨慎地保持其内部公平性。如果建立工资等级的点值范围太大，点值范围上层职位的员工就会感到他们的职位价值被低估了。如果建立工资等级的点值范围太小，虽然可能实现内部公平，但其代价是管理的低效率。我们的目标是要在内部公平性和管理效率之间取得平衡。

当建立工资等级的点值范围确定之后，下一步就是要为每一等级建立工资范围。工资范围的建立将依靠事先已确定的每一工资等级的市场工资。市场工资决定了工资范围的中点。市场工资则根据事先做出的工资政策线来得出。工资政策线代表了组织与市场工资率有关的薪酬战略（领先型、滞后型或匹配型）。通过工资政策线的回归方程可能计算出处于每一工资等级中部的职位的“预测工资率”。这一“预测I资率”就成了这一工资范围的中点。

为了理解这一过程，这里将0~150点的职位作为一个工资等级。在这一工资等级中点的职位将是75点。使用回归方程，我们发现工资政策线预测这一职位的工资应为15500元。这一工资是与组织的薪酬战略相一致的。同样的程序可以用来建立工资结构中的其他工资等级的中点工资。

在找到中点工资之后，工资范围的决策将依赖于关于这一中点值的适当的“范围”或“带宽”的选择。被选择的“范围”将应用于这一中点值，以计算这一工资等级中的每一项职位所能获得的最高工资和最低工资。下面的等式将被用来推算最高工资和最低工资。

工资范围＝（最高工资－低工资）/最低工资

最低工资＝中点工资/（1＋1/2×工资范围）

最高工资＝最低工资×（1＋工资范围）

例如：如果某一工资等级中点处的职位的工资为15500元，工资范围为30%，那么这一工资等级中的最低工资为13478.26元，最高工资为17521.74

元（最高工资＝最低工资×（1＋0.30））（大多数组织通常采用最低工资为13480美元，最高工资为17520美元）。工资结构的例子见下图。

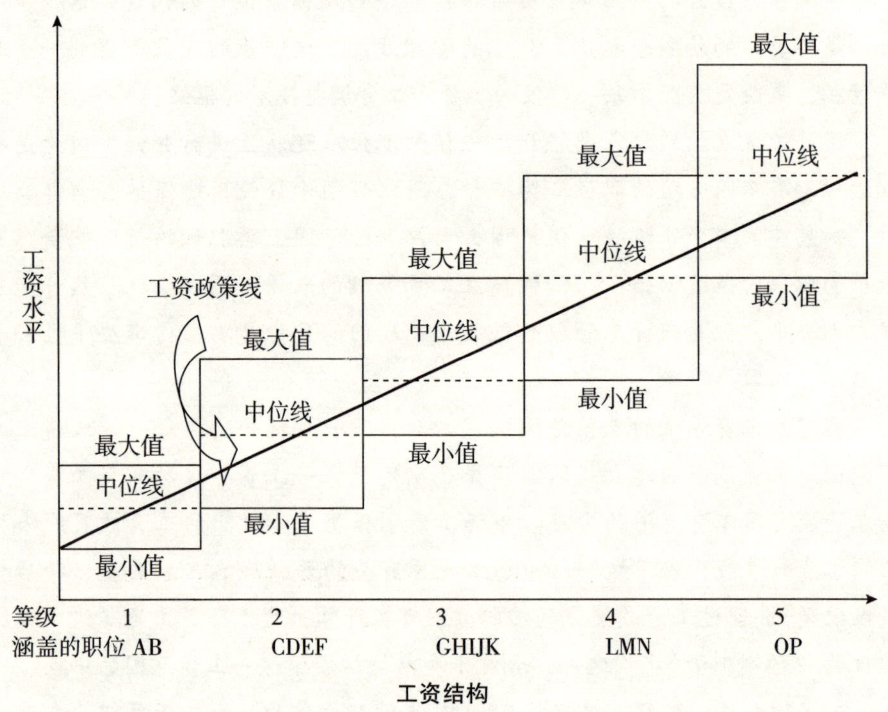

工资结构

虽然建立工资范围有一些定律，但是为建立有效的工资体系必须进行谨慎的判断。就像在电脑上模拟建筑设计的建筑师一样，在看到设计的作品出现在屏幕上时，还需要再进行修改。所以，薪酬体系设计者还必须对最初的设计进行修改和调整。邻近的工资等级之间的工资范围还常常会相互重叠，但设计者能够决定出现重叠的部分有多大。我们必须考虑到在邻近的工资等级之间（甚至不邻近的工资等级之间）相互重叠的部分的大小向员工传递了什么样的信息。这些决策将会使薪酬体系的激励功能增强或减弱。

最终的工资结构设计是为组织中员工的工资率的决策和管理提供一个框架。同一工资等级中的员工的工资率受到多种因素的影响。例如，大多数新员工往往只能得到工资范围底部附近的工资率，然而，一些新员工将会凭借其过人的知识、技能、能力或经验获得高于最低工资的工资率。随着时间的推移，员工将会由于其资历或业绩（或二者的结合）而获得工资的增长。通

常，员工工资的增长从这一工资等级的最低工资率开始，在员工结束了试用期之后，他的工资就增长到了工资范围的中点。在这一点以后的增长将会根据其业绩作出。一个高绩效的员工将会由于其绩效获得一段时间的工资增长，直到达到其工资等级的顶点。在这一点上，如果没晋升到更高的工资等级，将不再获得工资的增长。

就如在前面的例子中所看到的一样，工资结构必须与组织希望鼓励的员工职业生涯管理系统保持一致。职业生涯计划、职位任命制度和其他的人力资源管理活动都会受到工资结构的强烈影响，结果是，工资结构在其他的人力资源管理活动上的错误考虑，将会导致员工得到关于组织所期望的行为的混杂的信息。

一旦工资结构被确定之后，下一步就要对其实施。为了获得最高的效率，尽量少产生问题，企业必须对其进行仔细的计划。因为薪酬体系常常直接与企业的财务计划和预算系统相联系，所以其实施中的许多问题必须在企业的财务计划的循环中来加以考虑。薪酬设计者要采取所有必要的步骤来确保系统的有效实施。

在薪酬体系运行之后，接下来的挑战将会是如何维护这一系统并根据组织的内外环境的变化对其进行调整。

4. 管理薪酬体系

在建立了薪酬体系之后，必须继续对其进行管理以确保其有效性。内外环境施加在薪酬体系之上的压力需要进行监督、评价、修正和控制。这一步的结果是确认出薪酬体系的问题，从而使薪酬管理者能够保证这一系统无障碍地运行。

内部公平性、外部公平性和个体公平性等概念是理解薪酬体系的控制和评价背后的逻辑性的基础。因为薪酬体系的目的是吸引和保留员工，以及激励员工展示企业所期望的工作行为，所以收集表明组织能否达到这些目标的数据是十分有意义的。很多企业评价员工对于薪酬和其他组织因素的态度，计算流动率和其他离退职的统计数据，获取离职面谈的信息，用多种方法来衡量员工的生产率。所有这些手段都能够提供信息，来验证组织的薪酬体系是否达到了它的目标。但是，薪酬不是影响组织吸引、保留和激励员工的能力的唯一因素。因此，对评价方法必须进行谨慎的考虑，保持适当的角度。

除了违反薪酬政策的行为以外，其他因素也可能导致薪酬管理出现问题，例如，管理者可能会错误地对其下级的绩效作出评价。如果管理人员将所有员工的绩效都评价为最低等级，下级的工资就不能得到适当的绩效加薪。虽然管理人员的行为可能不是故意的，但结果却仍然可能是员工没有得到合适的工资，他们将感到不公平。薪酬管理人员可以使用像比较率（Comparations）等控制指标来反映工资是怎样在同一工资等级中进行分配的，以帮助管理者确定潜在的问题。

薪酬体系管理的其他方面包括为每个具体的员工确定工资水平和加薪决策的政策及程序。典型的加薪程序是建立在资历、绩效（或二者的结合）之上的。如果绩效是加薪的最基本的决定因素，那么薪酬政策应该表明由绩效考核向加薪决策转换的程序。许多组织都建立了为这样的转换提供指导的绩效工资模板。

以上仅仅是薪酬管理人员在薪酬体系运行以后所要面对的问题的一部分。管理薪酬体系的总的意义就是要预见问题，开发对问题进行评价的系统，并建立起清晰的政策。

第八章

从管理到服务：人力资源管理思维大变局

恰当的关怀可以留住许多用金钱、权力等留不住的员工，员工工作、生活压力比较大，作为企业管理者，关心员工其实也是在关心自己，不关心员工，最终受害的是管理者自己。许多企业中的优秀人才不是没有更好的地方可去，也不是不能自主创业，而是他们的上司用感情“锁”住了他们离开的脚步。因此，在企业管理中，管理者要用心去关怀员工，要真诚地为员工“服务”，而不是一味地管理员工。

重新看待企业与员工的关系

企业与个人的关系正如江河海洋与水滴的关系：对个人而言，企业是施展个人才华、实现个人价值的舞台，这个舞台越宽广，环境越宽松，个人的价值体现就越充分；如果失去这个大舞台，自我价值的实现便成为空谈。对企业而言，企业的发展源于每个员工的劳动和创造，员工实现自我价值的过程，就是企业蓬勃发展的过程，二者相辅相成、相互推动，共同发展，正如“大河涨水小河满”“不积细流无以成江海”一样，是一个问题的两个方面。

那么，作为管理者必须要为企业构建一个和谐的员工关系。以下四项法则是必须遵守的。

1. “豪猪法则”

叔本华有一则寓言：

在一个寒冷的冬天，一群豪猪挤在一起取暖。由于它们的毛都很长，互相扎，所以只能分开。但是它们无法在寒冷的冬天生存，所以还是得靠在一起，但这种情况仍然发生。经过多次的尝试，它们发现最好的办法是聚在一起但又要保持一定的距离。

的确，正因为群居，豪猪不得不聚在一起，但客观的原因又使得它们彼此分离。在一定的距离之内，它们出于礼貌互相谦让，但对于那些违反规定的豪猪就会被警告。只要在能够取暖的范围之内就可以了。

现代社会中，人与人的关系复杂。企业管理者若运用好“豪猪”法则，就会在人际交往中产生“心理距离”效应，既可以保持与下属的亲密关系，又可以获得下属的尊重。距离是老板与员工间亲密的尺度，员工对老板敬重的标准。

2. “热炉法则”

老板要懂得“热炉”法则，制定并运用好公司的管理规章和管理制度，保证公司正常有效地运转。

如果形象地阐述“热炉”法则，主要包括：

第一，警告性原则。从外表来看，热炉火红，即使不用手去摸也知道炉子是热的，是会灼伤人的。无论是企业还是组织的领导者，都应当对下属进行规范教育，并警告他们不要违反规定，否则后果自负。

第二，只要你碰到火炉，就会被灼伤。也就是说，只要触犯单位的规章制度，就一定会受到惩处。

第三，当你碰到热炉时，立即就被灼伤——即时性原则。在发生错误之后一定要及时惩处，而不能拖泥带水或者是事后算账。只有这样，才能达到及时改正错误行为的目的。

第四，公平性原则。在火炉面前，所有的人都是平等的。只要碰到火炉，就会被灼伤。只有确定了规矩，所有的员工才能按其办事。

在企业中，领导应当善于运用“热炉”法则，只有这样，才能保证公司的规章制度得以遵守和执行；凡是任何违反规章制度的人，都应该受到惩罚。这样可以保证公司的正常运行。当员工把所有的规章制度记在心中之后就会付诸行动。

3. 激励法则

通过研究，美国哈佛大学的专家发现，如果员工得不到鼓励或者是激励，他们根本不可能发挥出自己的能力，其潜力只能发挥出20%～30%；如果在适宜的激励环境中，同样的员工却能发挥出其潜力的80%～90%。所以如果你的员工对你的分配制度不以为然或者觉得理所当然，那么你的分配制度一定是失败的；而没有达到激励效果的分配对企业而言，是一种巨大的损害。

只有实行激励制度，公司的员工才能发挥出更大的潜力，进而促进公司的发展。

4. 自我法则

保罗·盖蒂是美国的石油大亨，年轻的时候，他的家庭环境特别不好，家里只靠几亩农田来维持生计。由于气候干旱，农田基本上是颗粒无收。但没想到在挖水井的时候，却挖出了黑色的液体，后来才得知是石油。所以是水井变油井，旱田变油田，他靠石油发家。

在保罗·盖蒂清闲的时候都会到各油井去巡视，每次巡视，他都会发现浪费现象和一些闲散的人，于是就叫来工头，要求把这种现象消除。谁知等他再去的时候，情况依然如此。

保罗·盖蒂怎么也想不通：为什么每次来都能看到这么多的闲人，而那些工头天天在此，听不进我说的话，要求他改正却没有什么效果？后来，保罗·盖蒂遇到了一位管理专家，便向他请教。专家只说了一句话："那是你自己的油田。"

保罗·盖蒂明白了其中的缘由，于是叫来工头，向他们宣布："从今天以后，油井交给各位负责经营，收益的25%由各位分配。"

从那之后，每次保罗·盖蒂到各油井巡视，不仅看不到闲人，而且浪费现象也几乎没有了，同时也增加了产量，他说过的话也实现了。

就是这种高效率的工作使保罗·盖蒂能在收购热潮中幸存下来，反而购并了其他一些经营不善的油井，成就了自己的石油帝国。

那么，领导者如何解决与员工之间的利益冲突呢？有效的办法之一，就是让员工真正成为事业的主人，"种自己的田，为自己干活"，才能更有效地发挥员工的潜力，最大限度地创造价值。

当好员工的"服务员"

一家企业之所以能够存在，是因为它能够为客户创造价值，客户才会为企业提供利润，而员工则让这些目的变成现实，没有员工的创新和辛勤的努力，不可能有很好的收入。对于企业来说，员工就是它的内部客户，而管理者就是为员工提供满意服务的"服务员"。

在武汉九州通医药集团，提到了上下关系中的"陀螺效应"（即客户是上帝，员工是中坚力量，领导是金牌保姆）。它将传统的企业管理层的金字塔结构进行了调整，领导不再是在塔尖上，而是强调要甘当"金牌保姆"，要培育员工，帮助员工提升绩效，为员工分忧解愁，当好员工的"服务员"。这样，陀螺才能转得更快、更稳健。领导为员工做好了"服务员"，员工才会真诚地为客户提供更好的服务；相反，如果领导没有当好"服务员"，员工工作中困难重重，甚至将愤怒发泄给员工，员工会怎么做呢？他们会将愤怒"传染"

给客户。

“你让我不爽，我就让客户不爽”，许多新生代员工就是这么想的。对于管理层来说，稳定员工才能稳定企业。在古代，早就有“齐家治国平天下”的说法。一个企业要想通过服务营销“攘外”，就必须先做到“安内”，有了员工满意才有客户满意，可以说“安内”是“攘外”的基础和保障。如果仅强调服务营销战略，忽视员工的感受，在紧要关头的时候难保不会“后院起火”。只有让员工满意了，才能让这些企业的“将士”们心往一处想、劲往一处使，最大限度地发挥团队的战斗力，才能收获客户的满意与忠诚。

美体小铺的创始人安妮塔·罗迪克认为：“员工就是企业的第一线客户。”企业是否把员工客户化，关键就在于是否把员工满意度放在首位。在企业界，有很多的成功企业都是追求员工满意的典范，他们非常看重员工的满意度，甚至将员工满意度放在了外部客户利益和内部股东利益之前。

上海波特曼丽嘉酒店从 1998 年正式营业以来，一直追求“从员工满意出发，达到客户满意”，并把员工视为“合伙人”，酒店以“绅士淑女”的态度尊重员工。

欧洲最大、世界第三的仓储式建材家居连锁超市百安居，曾获“英国最佳雇主”称号，该公司非常尊重员工的想法和建议，每月会组织一次“草根”会议，基层员工可以和高层直接对话，并且设立了 24 小时免费录音电话，供员工反映问题。

企业生存管理专家、企业未来生存管理理论创立者邓正红认为：柔性生存是企业未来生存的大趋势，在这个大趋势中，企业员工主宰着企业未来的生存命运。这可以直接得出一个结论：员工是企业最值得尊重的对象。

一家企业如果要有很高的利润，首先必须要有很好的客户；要有很好的客户，必须要有很好的员工。如果企业照顾不好员工，员工就不会照顾好企业的客户，也就不可能照顾好企业的利润。

要把员工当成客户，就要像尊重客户一样尊重他们。在企业里，即便是那些受教育程度低、素质不是很高的员工，对企业而言也并非一文不值，他们同样有着尊严、价值和创造力，因此，同样需要尊重。在这个基础上满足员工的各种需求，才能真正稳定“军心”并收获“将士”们的满意度与忠诚

度。当然，尊重只是一个基础，仅有尊重是不够的。

企业有责任为员工创造宽松、协调的工作环境，包括服务设施，比如窗明几净的办公环境，合理的管理制度与沟通机制，比如让员工各抒己见、坚持制度面前一律平等，等等。这些都会影响员工对工作、企业和管理者的评价，影响员工的工作自主性与积极性。

美国罗森帕斯旅行管理公司总裁罗森帕斯历经二十多年的实践证明：员工也是上帝。他认为，企业服务的下滑趋势，首先是出错率增加频繁，这意味着员工不开心，然后是员工埋怨，才导致最后的顾客抱怨。所以，只有做到员工至上，员工才会把顾客放到首位。

罗森帕斯独特的企业文化是“员工第一，客户第二”。他们会加大力度为员工创造一个轻松愉悦的工作氛围。在罗森帕斯的公司里，没有“雇员”这个称谓，每一个员工都是“朋友”与“伙伴”，无论他是一般的接线员或是普通的勤杂工，甚至高层的管理者，大家都平等对待。

公司推行了“迎新人方案”，那就是新员工在进入公司的当天，公司的管理者将把他盛情地介绍给公司的其他同事们，公司总经理同样要亲自向新员工表示欢迎与祝贺。新员工也能够随意提问，绝对不会遭受责怪和冷遇。此外，公司还设立了“热线电话”以及“电子信箱”，原因是管理层始终认为沟通是最重要的。

罗森帕斯公司还锦上添花地提出“影子方案”，即员工与管理者每月一起工作一日，可以使双方更好地明白理解彼此的工作。每一年的八月则是罗森帕斯公司的“感谢员工月”，敲定某一日，公司上上下下身着盛装并且欢聚一堂，共同举办开奖以及化装舞会等活动，场面极其热闹。

作为管理者，应该带好头，学会调动气氛，为员工创造快乐的工作氛围。工作氛围是一个看不见、摸不着的东西，但是可以确定，没有这种工作氛围，就不会有高效率的工作结果。一个令人愉快而积极的工作氛围，对提高员工工作积极性起着不可忽视的作用。试想，如果员工们在工作的时候整天毫无生机，怎么可能积极地投入到工作中呢？怎么可能为企业创造价值呢？

因此，作为管理者一定要时刻想着为员工“服务”，充当好员工“服务员”的角色。

尊重员工的尊严与价值

企业内的每一个员工都拥有其独立的人格，而一个独立的人格都拥有属于自己的尊严与价值。因此，作为企业的管理者要学会尊重员工的尊严与价值，这样员工才会更好地投入到工作当中去。下面就以惠普公司为例来说明尊重员工的尊严与价值的重要性。

惠普公司的成功相当程度上得益于其恒久的企业文化：惠普公司对员工的信任表现得最为清楚，实验室备品库就是存放电器和机械零件的地方，工程师们不但在工作中可以随意取用，而且还鼓励他们拿回家去供个人使用。惠普公司认为，不管工程师用这些设备做的事是否和他们手头从事的工作有关，反正他们无论是在工作岗位还是在家摆弄这些玩意儿，都能学到一些东西。因为它充分相信员工，公司员工才会与它有难同当、有福同享。归根结底，它是一种精神、一种理念，员工感到自己是整个集体中的一部分，而这个集体就是惠普。

管理人员卡利在对惠普进行大刀阔斧的改革的同时，时刻没有忽略：改变员工的信念和行为是所有作为之中最难实现的部分，这也是为何大多数想要改变的努力最后多告失败的原因。以新信念取代旧信念，再将新信念转变成新行为总是很不容易的。卡利懂得，为了利用人类的潜能，将其转变成竞争优势，从而将思考模式做彻底的改变，是相当重要的。为了做到这一点她发扬惠普的老传统，借鉴前辈的经验，采取了如下措施。

1. 让员工的努力得到补偿

想让员工变得愿意承担更多决策责任，以团队工作方式学习更广泛的工作之前，人们必须掌握好几个必要的先决条件。举例来说，他们必须有一种安全感，或者至少他们必须被公平地对待，必须觉得他们可以信任他们的经理和同事。而且，他们会因为他们的努力而得到补偿。像这样的价值观，长久以来一直是惠普风格的核心，是创办人建立公司的基础：只要给予正确的环境和工具，人们就会想要做好工作。这个观念同时提倡，员工必须被信任和尊重，而他们的成就必须被了解。员工通过慷慨的股票认购与分享计划，

从员工底薪4% ~10%的利润分享公司的成功。

在惠普，员工愿意承担责任的一个关键点，是确定使他们觉得安全或者至少平等地对待。惠普总是非常强调雇用保障，即使这不是明文规定的政策，通常也会被遵守。

信任是使员工愿意担负更多的责任和进行团队合作的另外一个不可或缺的条件。举例来说，当洛斯威尔分部经理隐瞒中心可能合并的信息，以避免员工产生焦虑情绪时，员工反而会做出最坏的结论——他们所听到的谣言是真的，中心要关门了。他们的焦虑转变成不信任，然后他们就会更进一步假设分部经理并不关心他们的未来，如此发展下去，事态就会很严重。

2. 让员工参与决策

当谈到“在分权与集权上的观点”的问题时，卡利说：“这是我们正在实施的战略的一部分。在两者中要取得关键的平衡点。分权可以给我们速度和责任，集权给我们杠杆效果。”

想要建立在快速变迁环境中能够快速反应的组织，需要一定的决策权，这个决策权不仅必须全部掌握在经理手中，同时也必须掌握在员工手中。对这两者来说，不但要掌握生产工具，同时也要密切注意顾客品位的转变。但是让管理层将权力下放到组织中是相当困难的，因为这需要公司文化的改变。例如，习惯于控制员工的经理，必须克服并且愿意分享他们的权力。另外，员工也必须变得愿意担负更多决策权力和责任。但事实上，即使是像惠普这样重视自治和个人贡献的公司，要使文化进行转变，要比表面上看来困难得多。

在惠普，领导企业重组的大多数经理，都愿意分享他们的权力，因为他们相信，给员工更多设计和控制自己工作的权力是组织生存的唯一途径。

如果一人掌控着企业的所有权力，无论他如何聪明也无法做到面面俱到。如果把权力下放到每个合适的人的手中，那么对绝大部分问题的正确应对就不再是困难的事情。海底捞就是这样的榜样。

在海底捞，从管理层到普通员工都被充分授权，10000多名员工都是管理者。200万元以下的开支均由副总负责，大区经理的审批权为100万元，30万元以下各店店长就可以签字。服务员也有免单权，不论什么原因，只要员工认为有必要，都可以给客人免费送一些菜，甚至免掉一餐费用。通过授权，海底捞把公司的事变成了员工的事，使员工真正成为了公司的主人和管理者。授权的效果出人意料，又在情理之中：绝大多数特色服务的原始创意，都来自普通员工。

授权来自于信任，体现的不仅是一种能力，更是一种胸怀。海底捞的授权制度，是一笔看似糊涂实则聪明的生意账。因为，只有放开手脚，才能开动脑筋；也只有犯错误，所学的东西才能刻骨铭心。只有这样，才能加速员工的成长速度。

交换权力的过程是复杂的，需要经理在这两者之间求取平衡：放弃完全控制，让员工作决策和维持足够的权力，避免员工产生被遗弃的感觉，将组织领导到一个正确的方向上。

在组织中下放权力也会招致其他无法预料的事情，使管理变得困难。而且，取回已经放弃的权力将是不可能的，这样做会招致实质性的损失。当规划团队成员开始练习他们新发现的权力时，会变得直言不讳，而且开始质疑管理者、工程师的权威。

例如，生产操作员告诉工程师，他们不会停下生产线来进行实验，因为这样会打断生产，中心的工程师感到非常震惊。此外，规划团队成员也建议变更惠普公司的某些政策。

很多研究指出：经理和监督者在放弃权力这部分上最为困难。相反地，员工通常想要接手范围更广泛的工作和责任，并在他们的工作中练习更多的判断力。因此，管理者必须从下面两点来努力：

（1）管理者必须夷平旧的研发组织，进而传达这样的信息：工程师不再独立工作，必须与其他部门以及顾客的需求结合。

（2）要求工程师真的了解改变的必要性，在转变过程中给予他们一些所有权，让他们有机会通过经验学习新的行为，并精心设计诱因来回馈他们的成就。

3. 教授员工必要的知识和技巧

卡利懂得，只是下放权力和权威到整个组织，并不足以发展组织必要的弹性和反应能力。因为进行自我管理团队、按照计划生产进行、找出缺点和

问题的根本原因、和顾客互动都需要更多的知识和技巧，同时还要有比前线员工更高层次的动机和贡献。规划团队当下面临的挑战，是教授成员必要的知识和技巧，以快速完成企业重组，使组织能生存下去。

所有答案可以在重组的过程中发现。经营、技术与社会分析的过程与细节，提供给了成员一个强有力的学习工具。发现顾客的需求并找出自己组织和其他竞争者的基准点，往往能帮助员工清楚地了解到惠普的行销竞争力所在。

传统上，员工很少了解自己组织的营运状况：公司和其他竞争者相比如何，或者公司顾客和偏好的特质是什么？缺乏这样的知识，员工等于缺少了工具和动机，去思考超过他们工作界限之外的事物。当管理阶层宣布某些新的改善品质或者生产力的提议时，眼界狭隘的员工通常就将这些提议理解为"又是另外一个计划"，因此抱着怀疑和不信任的眼光，并预测它们将提前结束。

然而人们还是看到了成功的例证。让员工参与重组自己的组织，帮助解决这种怀疑论点，并传达了需要改变的急迫性。

当规划团队成员把经营的视野拓宽，他们知道自己必须改进。即使他们的顾客就在同一栋大楼的隔壁走道旁，成员也不知道中心对于电脑组装部门的期许是什么；而且让他们非常震惊的是抱怨最多的原因竟然是产品品质低劣。一个规划团队成员承认，在拜访过顾客之后，他变得乐于找出顾客所在及所需。

只有当员工先了解他们的组织面临巨大的经营竞争时，才能知道他们个人如何和为什么需要改变。经理必须居中斡旋，以避免扭曲工程师创造顾客导向所需的信息。工程师逐渐了解自己多么需要和为什么需要改变。最后，许多人开始明白，除非他们为现有的企业担负更多的责任，让经理有更多的时间找出新的利益基石，否则分部就可能无法生存下去。

一旦员工开始相信改革的必要性，并让他们从事技术分析，就能帮助他们了解自己在整个生产过程中所扮演的角色。生产工人和工程师都开始领悟到在每一个步骤中，他们贡献的价值所在。

4. 开放式管理

惠普提倡走动式管理，接纳各阶层的不同意见，各个阶层都可以对话、交流、反映问题。这旨在加强上下级沟通和过程监控，也便于接触第一手资料，及时发现问题并解决问题，变被动为主动，增进团队的凝聚力。

惠普的每个员工都在敞开式环境中办公，即使需要单独办公环境的高层领导也不例外，只不过他们的办公室略有不同：墙体是由玻璃材料做成的，这样下属从外面就可看到领导的忙闲，知道何时可以打搅领导讨论问题。

员工之间不论职位高低都一律直呼姓名。两位创始人一直坚持这一习惯。有时下属尊称自己时，就亲自纠正，当然，只有在客户面前员工才称谓各自的头衔。事实证明，这有助于缩短员工之间的距离。公司还设立了专门的谈话室，供员工之间单独对话使用，以增进员工之间的相互了解及工作上的相互配合。

通过上述案例我们可以看出，惠普“平等式”的工作氛围使员工的尊严得到了极大的尊重。“走动式”的管理模式使各个阶层的员工发挥出了最大的价值，最终使惠普整体上不断发展壮大。因此，尊重员工的尊严和价值会使企业快速发展，并立于不败之地。

打造良好的工作环境

如今，很多优秀人才在寻找工作时，都会将企业的工作环境当作是否选择这家企业的一个重要依据。可以设想一下，一个企业既无暖气也无空调，在大冬天里，员工们的工作效率一定不会高；或者一家公司虽然有暖气又有空调，但是让很多员工挤在一个很小的办公室里，一不小心就会碰翻同事的茶杯，而且杂物到处堆放，满地都是灰尘，员工在这样的环境下，怎么能安心工作呢？

工作环境是一个企业形象的表现，每个企业都应该在资金允许的情况下，尽量给员工提供一个良好的工作环境。假如整个企业内暮气沉沉，没有丝毫生机可言，而且工作场合给员工留下脏乱的印象，员工的工作心情肯定会受到影响，工作效率自然会很低下。身在这样的环境中，员工的性格都会变得更加孤僻。开始时或许会有一些抱怨，到后来干脆保持沉默。最后，即使再喜欢自己的工作，对企业再忠诚的员工，也会萌生去意。

1922 年创刊于美国的《读者文摘》，是一本能引起大众广泛兴趣的、内容丰富的家庭杂志，也是目前世界上最畅销的杂志之一。它拥有 48 个版本，

用 19 种语言发行，并且畅销于全世界 60 多个国家和地区。它所涉及的故事文章涵盖了健康、生态、政治、国际事务、体育、旅游、科学、商业、教育以及幽默笑话等多个领域。《读者文摘》的宗旨，是为全球不同年龄及文化背景的读者启迪心灵、拓展知识领域、提高生活素质、增进生活情趣。

《读者文摘》不仅在业绩方面取得了令人瞩目的成就，而且在营造办公室环境方面的努力也为人称道。《读者文摘》的总部位于纽约市的读者文摘路，总部是一座佐治亚式的建筑，从外观看上去，就像图画中的历史博物馆或者宫殿。

走进去，就会发现办公室内部陈列着古典优雅的木制桌椅，办公室的墙上挂满了名家画作。置身于这样的环境当中，你很难感受到这里是一个时常会面临催稿压力的地方。在这栋大楼里，只有在午餐时间才会从餐厅中传出一些声音。为了让员工在更好的环境中用餐，公司特意将餐厅装饰一新。整个餐厅环境幽雅、阳光充足、气氛非常好，员工在这里花很少的钱就可以美美地吃上一顿。

在大楼的北侧，有一片菜园。假如公司员工有兴趣的话，可以在这里申请一块地，选择自己喜欢的花木、蔬果来种植。公司不仅为这些员工提供免费的土地，还为员工提供农具和肥料；到冬天还会有人专门给这些蔬果盖上防寒护套，让每个员工都非常放心。

其实，公司这么做，是为了让员工在工作之余释放压力，以更高的热情投入到工作中去。而员工们在享受这一切的同时，也感受到公司的良苦用心，更加勤奋地工作以回报公司。

《读者文摘》为其员工提供了舒适的工作环境，让他们在紧张工作之余能够放松身心，从而以更加旺盛的精力投入到工作当中去。

在国内，注重员工工作环境的典型是海底捞。1994 年，海底捞只是一个用四张桌子卖麻辣烫的小店，经过十几年的发展，目前已在北京、上海等地开设了近 40 家分店，员工达 1 万多人，年赢利三个多亿。海底捞的成功逻辑很简单：公司把员工当主人，员工把公司当家；顾客被员工“套牢”，员工被公司“套牢”。简单的背后，海底捞有着不简单的留人机制。

海底捞不仅为员工提供公寓，还配套 24 小时热水与空调。公寓内电话、电视和网络一应俱全，有专人打扫卫生，换洗被单。员工病了会送上药品和病号饭，下夜班的员工还能享受到夜宵服务。公司还在四川简阳建立了海底捞寄宿学校，为员工解决子女教育问题。优秀员工的一部分奖金，每月由公司直接寄给在家乡的父母。公司规定，员工的直接亲属如果无钱治病，海底捞就负责到底。

总之，作为企业的管理者都应该适当关注员工的工作环境。只有为他们提供一个舒适的空间，才能够让他们心情舒畅，干劲倍增。

为你的员工规划未来

进行保龄球运动前面必须要有一个标志，这样才能知道球要扔的方向；在职场上的员工同样如此，如果没有未来目标，就好像打保龄球而没有标志一样，空有满身力气却不知道该往哪里使。小时候大多数人都在做加法，类似书法、音乐、舞蹈、计算机等技能能多学则多学，这并没有什么坏处。但是对于职场上的员工，不能大包大揽，什么都做，很多人一毕业就变成了考证一族，什么“律师证、教师证、计算机证、销售员证、报关员证”等一大批，但是这些又有什么用呢？什么都包括意味着什么都不能做好，这个世界上的专业人士太多，“全能”型人才怎么可能在激烈的竞争中占有一席之地？

根据以上的分析，经理人要协助员工（包括自己）量身定制一份“职业生涯规划”。事实上，职业生涯还可以定义为“个人终其一生，伴随与工作或职业相关的经验与活动”，主要包括以下几个方面的内容（见表8－1）。

表8－1　职业生涯规划内容

职业生涯规划内容	解释说明
职业生涯规划	组织有责任和义务帮助员工个人制定职业生涯目标，并为了达成这些目标，找到个人目标和组织机会的结合点，提供一定程度上的心理上的帮助
职业生涯管理	无论是个人还是组织都要为获得生涯计划做好准备、执行和检讨工作（兼顾组织需要与员工的自我期望，以正式的方案来培育可开发的能力，合理分配资源）
职业生涯发展	组织为了确保具备合适资格的人，在组织需要时就能派上用场，采用的途径，都是职业生涯计划付诸实施的过程

活动运作起来才能产生绩效。如果销售员不去拜访客户，总经理又不及时采取相应的管理措施；男孩追求女孩要是没有鲜花和看电影、吃饭等环节，那么各自怀揣的目标如何实现呢？因此，从以上的内容来看，企业为了实现组织与个人目标的双赢，职业生涯规划作为一种活动（见图8－1），员工们的发展就可以利用这一系列的活动来实现。

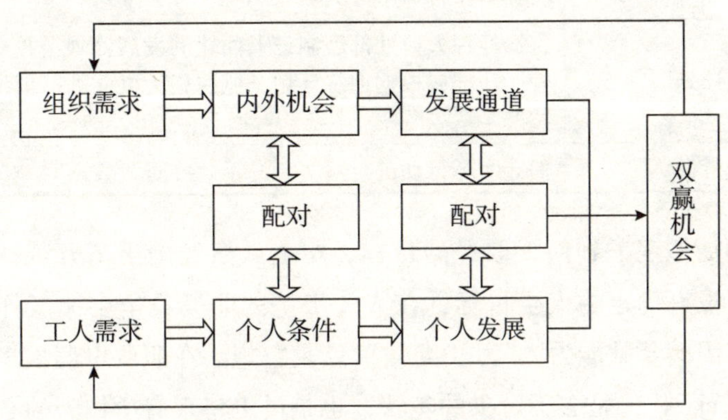

图8－1　职业生涯规划图

在现代社会中，员工跳槽已经是一种普遍的现象，但是对于帮助员工进行职业生涯规划来说，依然是非常有意义的一件事情：一是可以及时了解员工对职业生涯发展的想法；二是可以督促自己进行一个清晰的发展计划；三是有助于帮助员工在现有职位上稳定发展。职业生涯规划的程序如表8－2所示。

表8－2　职业生涯规划的程序

职业规划程序	解释说明
1. 主管了解部属情况	部属现在的工作是什么？ 是否有积极性与活力，工作业绩如何？部属有什么兴趣爱好，平时有什么抱怨？部属有哪些性格特征？
2. 部属自己思考	我是谁？ 我想做什么？ 我会做什么？ 环境支持或允许我做什么？我的职业与生活规划是什么？
3. 倾听部属想法	一年来觉得自己有哪些进步？哪些不足？ 对工作有什么想法？自己想往哪个方向发展？有没有什么计划……有没有一个长远的梦想？

续 表

职业规划程序	解释说明
4. 参照晋升通道	主管考虑该职位或者部属想要干的职位、晋升通道设置，以便做到有的放矢
5. 提出分析与建议	主管根据自己的分析，帮助部属提出发展的想法，如有可能与部属达成初步的发展计划
6. 制订训练计划	直线经理人协助部属制订书面化的发展计划，并交给部属保管，让部属根据训练计划，抓住相关机会进行训练，以提高技能
7. 落实并进行训练	倡导实际行动进行落实，一年后再回到第一步

唐僧师徒抱定了到西天取经的目标，路上虽然经历千辛万苦，最终修成正果。如果没有确定的人生目标，在人才济济的职场竞争中又怎样脱颖而出呢？没有牢固的基础能力，“万丈高楼”就是空想。在职业生涯规划中涉及的员工“训练计划”，是必不可少的步骤，也是员工将来有所作为的必经之路。

企业为了实现员工的职业生涯规划，管理者们就有必要对员工的职业生涯规划愿景化。

作为信息产业中的跨国巨人，时代中的“弄潮儿”，IBM 对员工的规划时刻处于企业顶端。IBM 视员工为企业最重要的资产，以“尊重员工，协助自重；适才适职，发挥潜能；人才培养，技能提升”为原则。IBM 公司第一项主张是尊重个人，这成为该公司的最高原则。IBM 非常强调机会均等，而且公司还给每一个员工提供尝试的机会。这对进行商业运作的公司来说，是极其难能可贵的。在其管理的信条中，向员工提供充满挑战性的工作、培训以及成功的机会，强调员工工作中的价值与满足感，使其与公司一起成长。

IBM 的“人才培养，技能提升”，为每个员工都准备了自己所需要甚至是完备的条件和发展空间。公司对员工提供管理和专业两种职业生涯发展渠道，使员工有多种机会实现个人的职业理想。如果一个员工想当经理层，在管理的道路方向发展，公司就考察他是否有管理才能和培养潜力。如果有发展潜力，就把该员工存入管理人才库，列入经理培训计划中去，安排 3 个月时间的经理培训。在培训过程中，还会给其一个具体的项目做，体会作为团队领导的责任、义务。课程完成并合格者，在公司有经理职位空缺时，即可以安排上岗。

如果一个员工愿意并适合当技术专家，IBM 也会为其提供发展空间，以便一级一级地向上发展。当发展到一定级别并且带过新员工和在公司培训中教过课时，就可以去参加公司组织的考试，并进行答辩。答辩合格者，即获得高级技术专家的职级。

职业的未来规划需要机遇，更需要我们自身的努力和理智。我们都有过这样的经历：晚上睡觉时做了一个很好的梦，就会不由自主地笑出声来。醒来后回忆那些细节，会让人记忆犹新。但是职业生涯规划的美梦需要你去醒着做，过于繁重的工作事务会让人将梦想抛在脑后，因此要将这个梦具体细化。谈过恋爱的人都知道，当你的男友或女友向你这样陈述道：将来我们买一栋三室两厅的房子，墙壁涂成温馨的暖色调，请设计大师绘上大幅的田园风光壁画，就像生活在大自然中一样。还要买个宽屏的液晶电视，躺在 2 米宽的大床上看韩剧，地板要有橡木的浅黄色，还可以增加室内的宽度。要有婴儿房，将它的天花板画上卡通画，窗帘也用卡通的布帘，让小孩就像生活在童话中一样。每年出去旅游一次，大饱口福，吃遍天下的小吃。以后还要买一辆车，空闲时可以自驾游……（恋爱中的男女们听到这番富有想象力的话时，脸上无不充满了憧憬！这是生活中对愿景的描述，使人们充满了动力）。

我们耳熟能详的，李宁的品牌口号是“一切皆有可能”，阿迪达斯的广告宣传语则是“没有什么不可能的”，这些都表明了企业家们坚定的信念和宏伟的目标，同时也能隐约看到他们的企业精神。一个企业若长期稳定性发展，离不开宏远的目标，也时刻需要帮助全体员工树立自己的梦想，这会不断刺激员工进行自我激励，为完成自己的梦想而努力奋斗。

用企业文化构建核心价值观

张瑞敏作为海尔集团的 CEO，曾说道：“企业发展的灵魂是企业文化，而企业文化最核心的内容是企业的价值观。”对于一家企业来说，企业的核心价值观是最能体现其价值的一种无形资产，并且不断地为企业营造着新的价值。

企业核心价值观是企业文化的精髓，具有十分巨大的能量，这种能量不仅能够渗透到企业的目标、政策、战略、日常管理以及一切活动当中，还能够反映到每个部门、每个职工以及每个产品上，甚至能够辐射到企业的外部。

在企业内部构建共同的核心价值观，不仅能激发全体员工的责任感、荣誉感、工作热情以及创新精神，还能约束、引导并激励全体员工的行为，充分发挥企业文化的力量，为企业带来巨大的收益。

任何一个希望有所作为的总经理，都应深刻地领会到核心价值观的力量，并坚定地奉行企业核心价值观，如此，便能在企业内部创造出与众不同的企业文化，从而使企业在日益复杂多变、竞争激烈的市场环境中立于不败之地。

纵览世界上的知名企业，几乎每一个企业的高层领导人都在大力强调企业文化的影响力，都希望能够在自己的企业里建立良好的企业文化和一致的价值观。他们从员工招录、教育训练、制度建设、绩效考核、经营理念、形象设计等多方面强调企业的核心价值观。企业在构建核心价值观的过程中，需要遵循以下原则。

1. 企业构建核心价值观的原则

(1) 全体共识

构建企业核心价值观，必须建立在全体员工达成共识的基础之上。全体共识能使总经理更有效地进行决策并推动其实施执行。因此，在构建核心价值观的过程中，总经理应逐渐引导员工形成统一的价值准则。

(2) 以员工为对象

员工是企业核心价值观培育的对象，因此在构建核心价值观的过程中，应从以下三个方面做起：

第一，在企业中进行情感管理。随着时代的发展，情感管理逐渐成为企业成长、发展过程中最重要的因素。在企业管理过程中，总经理可以利用情感管理来维系员工的忠诚度，提高员工工作的满足度，体现工作本身的价值。

第二，满足员工的需求。马斯洛在需求层次理论中，将人类的基本需求分为五个层次：生理需求、安全需求、社交需求、尊重需求和自我实现需求。总经理要依据不同的需求层次，给予员工物质或精神奖励，满足员工的多种需求，从而提高对工作的满足度。

第三，建立长效机制。建立长效机制，关键是把人才短期利益与长期利益，个人利益与企业利益有机结合。因此，总经理应该为员工搭建成长的平台，促进企业与员工共同成长，尊重员工在企业中的主体地位。

（3）激励与约束

建构企业核心价值观，应该以促进员工为了企业最高目标而努力为落脚点。建立激励与约束机制是培育核心价值观的关键。在建立激励与约束机制的时候，应该注意以下两个方面：

首先，细分激励。激励的方式主要可以分为物质激励、升职激励、舆论激励、民主激励、情感激励、许诺激励、荣誉激励、批评激励等。因此，要对激励的方式进行细分，促进人力资本的开发，对员工因势利导。

其次，正确处理激励与约束的关系。尽管激励和约束的手段不同，但其希望达到的目的却是一样的，在实施的过程中，必须保证激励达到积极的效果，使约束力度大于获利力度。因此，在培育企业核心价值观的过程中，必须加大激励与约束机制的执行力，明确地表达提倡与反对的态度。

企业核心价值是为了实现企业的使命而提炼出来的观念，并在企业内部加以倡导，指导着企业员工的共同行为。企业的核心价值观不在多而在精。

戴尔公司的核心价值观：戴尔通过重视事实与数据，建立对自我负责的信念来凝聚所有戴尔人。

杜邦公司的核心价值观：安全、健康和环保、商业道德、尊重他人和人人平等。

飞利浦公司的核心价值观：客户至上、言出必行、人尽其才、团结协作。

福特汽车的核心价值观：客户满意至上，生产大多数人买得起的汽车。

丰田公司的核心价值观：上下一致，至诚服务；开发创造，产业报国；追求质朴，超越时代；鱼情友爱，亲如一家。

本田汽车的核心价值观：实现顾客利益的最大化。

爱立信的核心价值观：专业进取、尊爱至诚、锲而不舍。

联合利华的核心价值观：以最高企业行为标准对待员工、消费者、社会和我们所生活的世界。

柯达的核心价值观：尊重个人、正直不阿、相互信任、信誉至上、精益求精、力求上进、论绩嘉奖。

2. 企业应构建怎样的核心价值观

正是在核心价值观的指引之下，这些世界知名的企业才能够取得今天的辉煌成就，可见，核心价值观对于企业的作用是多么重要。那么，具体来说，企业应构建怎样的核心价值观呢?

（1）建立以人为本的企业核心价值观

企业的核心价值观应该倡导“以人为本”的观念，这里主要指的是企业的内部员工和外部客户两个方面。对待企业的员工，总经理应该把他们当作一个利益主体来考虑，这是“以人为本”最为明显的特征。总经理应该尊重员工的选择，给予每个人公平的机会，为他们提供充分的发展空间和良好的待遇保障。对待企业的客户，应该多从他们的角度出发，关注他们希望得到的利益，为他们提供满意的服务。值得注意的是，“以人为本”也是有一定限度的，强调个体的利益并不意味着要牺牲企业整体和团队精神，在这两者之间，要寻找一个恰当的利益平衡点。

（2）建立团队合作的企业核心价值观

对于企业而言，单打独斗永远不可能走上快速发展之道，必须要依靠团队的力量，才能引领企业向着更高的水平前进。因此，在企业内部，必须要建立起团队合作的核心价值观。注重“合作”是团队精神的核心，建立团队的目标就是“合作”，在一个基本的认同点上寻找属于自己的一方面。团队精神越突出，团队的凝聚力越强，越能进一步优化企业的决策分析行为和生产经营过程。

（3）建立勇于创新的企业核心价值观

以创新为立足点的企业核心价值观，主要体现在两个层次：一是以总经理为首的企业管理层要富有创新意识；二是企业的员工要充满创新意识。

在建立“勇于创新”的企业核心价值观的时候，总经理需要把握好以下几个关键问题：

第一，全面理解“创新”的含义。广义上的“创新”不只是高科技、新产品、新技术、新的营销策划思想等具有明显成果的事物，还应包括制度创新、管理创新等方面的内容。

第二，为员工提供足够的创新平台，让员工们提出的一切有价值的想法都得到充分的实践，在企业内部建立科学合理的反馈、奖励机制。

第三，创新不能脱离实际，而应与实际相符合，尤其要注意与企业的资源相结合。

（4）建立重视服务的企业核心价值观

一个企业内部，只有员工真正具备了服务意识，才能够促进其良性运转。这主要包括管理层对员工的服务意识、员工之间的服务意识、员工对客户的服务意识等各个方面。其中，最重要的就是要做到对客户的真诚服务，也就是说，企业所提供的服务必须以客户为中心，客户的满意是一切工作的目标。

（5）建立竞争为先的企业核心价值观

竞争意识是促进企业不断进步的动力源泉，企业核心价值观必须倡导竞争意识。在市场经济的大环境下，企业及其员工的竞争意识直接关系到企业是否能够在复杂的市场环境里站稳脚跟。因此，竞争意识应该成为企业核心价值观的一部分。

超导链接

创造良好的人际关系

管理者与下属创造良好的人际关系的方法有很多种。虽然觉得一些“微小平常”的事情微不足道，但有时却会起到举足轻重的作用。

企业所管理的员工，按照不同划分标准，具体可分为四大类（见图8－2）。那么，在实际运营中，管理者该如何与不同类型的下属沟通呢？

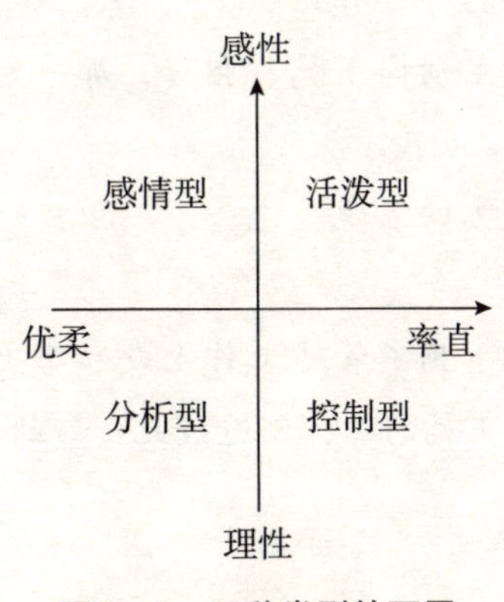

图8－2　四种类型的下属

表8-3 与不同类型下属沟通的方法

类 型	原 因	沟通方法
感情型	协调者，善于倾听。沟通时须用自己的真诚和热情打动对方	动之以情
控制型	追求支配地位，善于管理，主动积极。沟通前须有充分的准备，用数据说话	晓之以理
分析型	留意细节，务实、有条理，注重结果。可直接告诉对方可以获得的利益	诱之以利
活泼型	热情待人，注重别人对自己的看法。适当的赞美有助于减少沟通障碍	赞之以辞

1. 好意地接近下属

领导者讨厌下属，那么下属也不会对领导者有什么好印象。领导者喜欢亲近下属，下属也会乐于接近领导者。

这些就是领导者和下属建立人际关系的基础。如果领导者在个人感情上讨厌某位下属，那么在工作上就势必会被这种情绪所感染。所以作为领导者必须以真诚的态度，怀着善意积极的心态接近下属。

2. 不要忘了打招呼

决定与下属建立人际关系，最基本的方法就是“打招呼”。

人们的对话先从“打招呼”开始。

上班时，如果领导者主动向下属打招呼，那一定是下属精神百倍、工作情绪高昂的主要原因之一。

明朗的笑脸是接受对方的表现。先一步、积极地向对方表达出你认可他的问候。

除此，领导者如果对下属不管是工作上或私事上，都能以温馨的语言表示关心，就一定可以抓住下属的心，创造彼此良好的人际关系。

3. 回答要妥当

当对方把想说的“事”、想传达的“事”投过来给你时，领导者有必要

接受这些“事”并经过处理再还给对方。

回答和打招呼一样，都是再平常不过的事了，但是在人际关系及沟通上，却同样具备相当重要的功用。

当下属有问题或跟你打招呼时，你有必要用心回答。

4. 花点时间与下属谈笑

很多人认为在工作时谈笑并没有什么好处，但是，当工作碰到困难、阻碍时，人们难免会想找人吐一下苦水。这时候，领导者可以说：“我的头脑现在缺氧，反应迟钝，大家喝一杯咖啡、聊一下天如何?”缓和一下办公室的气氛，让员工恢复精神再工作。

午休时和下属闲聊，下班后邀约下属出去小聚一下，大家发发牢骚抬抬杠，可以缓解上班工作的紧张心情，加强彼此同为伙伴的情结，强化大家的协作意识。

面对激烈的市场竞争，现在的工作日趋紧张。员工更需每日兢兢业业，不敢稍有疏忽。而越是这样，就越需要利用时间和空间，让领导者和下属暂离工作，稍事休息。

5. 收集相关信息及话题

身为领导者，必须切实掌握社会动态、时事和最新信息，保持员工的高度兴趣，因此平常就要用心于话题的收集。

在听别人说话时要很认真地聆听，平时也要为了自身的教养、知识而多看书，多关注电视上的体育、艺术、综艺节目等，这都是和他人闲聊时的话题。

同时还要养成随时随地记笔记的习惯，不管是和别人的谈话、读书的内容摘要、从媒体中所获得的资料、亲身的体验心得等，都可以记在笔记本中作为备忘录。

领导者在与下属沟通时，往往需要从最小处做起。有句话叫：“最伟大的事都是从最小的地方累积而成。”领导者从最小的地方做起并做好，才会在与下属沟通交往中获得最大的收益。